人才地图

助力企业战略招聘

何丽敏◎著

U0367976

化学工业出版社

·北京·

内 容 简 介

《人才地图：助力企业战略招聘》深度剖析了人才地图在企业招聘战略中的核心价值与应用。本书结合丰富的实战案例，较为全面地解读了人才地图的构建方法、实施步骤及其对企业招聘效率与精准度的提升效果。书中不仅详细阐述了人才地图如何助力企业精准定位人才，还深入探讨了如何通过人才地图掌握市场动态，为企业战略布局提供有力支持。

本书理论与实践相结合，为读者提供了一套可操作性强的人才地图构建与运用指南。无论是企业高层、人力资源从业者，还是招聘部门的一员，都能从中获益。通过本书的学习，读者能够深入理解人才地图的核心价值，掌握其构建与运用技巧，进而提升企业的招聘效率和人才管理水平，为企业的战略发展注入新的活力。

图书在版编目（CIP）数据

人才地图：助力企业战略招聘 / 何丽敏著 . —北京：
化学工业出版社，2024.7
ISBN 978-7-122-45504-8

Ⅰ . ①人… Ⅱ . ①何… Ⅲ . ①企业管理 – 人才 – 招聘
Ⅳ . ① F272.92

中国国家版本馆 CIP 数据核字（2024）第 082435 号

责任编辑：刘　丹
责任校对：王　静　　　　　　　　装帧设计：李　冬

出版发行：化学工业出版社（北京市东城区青年湖南街 13 号　邮政编码 100011）
印　　装：三河市双峰印刷装订有限公司
880mm×1230mm　1/32　印张 7½　字数 150 千字　2024 年 9 月北京第 1 版第 1 次印刷

购书咨询：010-64518888　　　　　售后服务：010-64518899
网　　址：http://www.cip.com.cn
凡购买本书，如有缺损质量问题，本社销售中心负责调换。

定　　价：68.00 元

前

言

人才画像和人才地图这两个方法重塑了企业招聘,这已成为业内共识。几乎在每一本与招聘相关的书籍中都能找到人才画像的踪迹,甚至有的书就是专门围绕人才画像进行深入探讨的。

然而,尽管人才地图的技术文章在人力资源论坛上深受大家的追捧和期待,但市面上却鲜有专门针对人才地图的出版物。为什么会这样?

大概是大家都认可内部人才盘点对于企业战略发展的重要性,也明白人才市场情况对于招聘的重要程度,但是因为构建人才地图的成本太高,多数企业在有需求时更倾向于交给猎头公司来处理。

而对于那些没有预算外包给猎头企业的公司,它们在有招聘需求时往往选择直接进行招聘。若因对人才市场的认知不足而导致招聘效果不佳，招聘可能会陷入持续的困境，导致老板对招聘部门的不满，甚至频繁更换人力资源总监。

正如做产品会做市场调研一样，若不了解市场情况，又怎能保证招聘工作的效率和精准度呢？尤其在企业快速发展阶段，人才的及时到位是至关重要的。一旦人才供给不足，可能会错失宝贵的发展机会，从而影响企业的整体战略实施。

作为人力资源部门的一员，如果能够意识到人才地图技术的核心价值，那么其将从传统的人力资源服务或管理角色转变为更具战略意义的人力资源经营者。这样的角色转变将使人力资源部门成为企业战略布局中不可或缺的人才瞭望者，为决策者提供市场人才的第一手信息，助力企业提前布局人才库，确保人才储备始终走在战略的前列。

当企业内部人力资源部门在人才地图技术方面具备专业性时，这将进一步促进猎头企业对人才地图服务的需求。对于企业高层而言，如果他们具备构建人才地图的远见和意识，那么他们将对人力资源部门提出更高的要求，不仅要关注现有的人才管理，还要深入了解市场人才的动态。这将推动人才地图项目的实施，使其成为持续为企业战略服务的核心项目。

实际上，我认识的不少企业创始人本身就扮演着"猎头"

的角色，他们时刻关注各类人才的动态，深入挖掘竞争对手的人才信息。这些企业创始人已经在一定程度上完成了行业人才地图的构建工作。如果我们能够将这些实践经验系统化，并推动人力资源部门将其落地实施，其会成为一个能够持续为企业战略提供支持的重要项目。这将使人力资源部门从传统的支持角色转变为战略性的业务伙伴，真正实现其价值的提升。

作为一名拥有15年经验的猎头从业者，我参与了无数的招聘项目，其中不乏涉及人才地图的项目。然而，要将这一技术阐述得清晰明了、具有可操作性，是一项极具挑战性的任务。但正因为如此，这项工作的意义才显得尤为重大。我坚信这是一项值得为之努力的事业！

著者

目
C O N T E N T S
录

第一章
人才地图的战略作用

第一节　人才地图与企业战略　　　　　　　　　　//2

第二节　去除干扰，提高招聘准确率　　　　　　　//16

第三节　人才地图优化招聘流程　　　　　　　　　//28

第四节　从战略地图到人才地图　　　　　　　　　//37

第二章
绘制人才地图的角色与关键沟通

第一节　人才地图项目的发起者　　　　　　　　　//48

第二节　人才地图项目的各种角色 //52

第三节　猎头公司制作人才地图 //61

第三章
人才地图绘制四步法

第一节　确定关键岗位 //74

第二节　清晰的人才画像 //78

第三节　锁定目标公司 //86

第四节　渠道调研 //91

第四章
信息补缺与人才地图洞察报告

第一节　通过陌生拜访电话完善人才地图 //100

第二节　人才地图 KOL 的运营 //108

第三节　人才地图项目进度管理 //111

第四节　人才地图报告撰写 //117

第五章

内部人才盘点与人才地图融合

第一节　什么是人才盘点　　　　　　　　　　　//130

第二节　怎么做人才盘点　　　　　　　　　　　//137

第三节　人才盘点与外部人才地图　　　　　　　//145

第六章

人才地图应用的六大场景

第一节　场景1：了解和分析竞争对手的组织与业务状况

　　　　　　　　　　　　　　　　　　　　　　//157

第二节　场景2：进行人才战略、薪酬绩效、人才动向分析

　　　　　　　　　　　　　　　　　　　　　　//160

第三节　场景3：通过人才地图建立高绩效人才标准和画像

　　　　　　　　　　　　　　　　　　　　　　//164

第四节　场景4：搭建人才库　　　　　　　　　//168

第五节　场景5：人才地图项目会议的5个步骤　//174

第六节　场景6：避开人才地图常见的坑　　　　//178

第七章
发展型公司开展人才地图项目

第一节　创业型公司为什么要做人才地图项目　//182

第二节　初创公司人才地图应该怎么做　//191

第三节　初创团队人才地图案例　//196

第八章
用 AI 和大数据助力人才地图项目

第一节　人工智能 + 招聘　//206

第二节　如何用人工智能技术助力人才地图　//219

参考文献　//228

第一章
人才地图的战略作用

商界人士最重要的决定不是如何
做事，而是如何聘人。

　　——吉姆·柯林斯（Jim Collins，
《从优秀到卓越》作者）

第一节 ——→
人才地图与企业战略

一、人才战略与企业战略

什么是战略？战略重要还是人才重要？

GE（美国通用电气公司）前 CEO（首席执行官）杰克·韦尔奇说过："战略是制订基本的规划，确立大致的方向，把合适的人放到合适的位置上，然后以不屈不挠的态度改进和执行而已。"也就是说，徒有战略，没有人才，战略将无法落地。企业制定战略固然重要，但更重要的是"请合适的人上车"。

要使战略成功落地，找到合适的人才，并且请他"上车"，是杰克·韦尔奇的成功法宝。而一个精准、完善的人才地图，不仅可以揭示企业所需战略人才的分布情况，还能通过市场信息的分析，提前洞察行业竞争对手的人才动态。因此，绘制人才地图在企业战略落地的过程中起到了至关重要的作用。

■（一）战略与战略地图

有人把企业战略概述为：解决"我是谁""要到哪里去"及"怎么去"的过程。在《华为基本法》里，华为这样描绘自己的战略："为了使华为成为世界一流的设备供应商（我是谁，去哪里），我们将永不进入信息服务业（我不是谁）……我们的目标是以优异的产品、可靠的质量、优越的终生效能费用比和有效的服务，满足顾客日益增长的需要（怎么去）。"

"战略描述了一个企业打算如何为它的股东创造持续的价值。"罗伯特·卡普兰在《战略地图——化无形资产为有形成果》一书中如此描述企业战略。为了更好地理解和实施战略，卡普兰提出了战略地图的概念。战略地图通过四个层面来描述战略：财务、客户、内部流程和学习成长。这四个层面为企业提供了一个全面的视角，帮助企业制定和实施战略，如图1-1所示。

卡普兰创建了一套标准的战略地图模板，这为管理人员提供了一个简便的方式来快速构建战略地图。战略地图不仅是一个可视化的工具，它更是一个全面的框架，能够帮助企业清晰地描述与战略相关的目标、行动计划、衡量指标、预期目标值以及这些要素之间的逻辑关系。

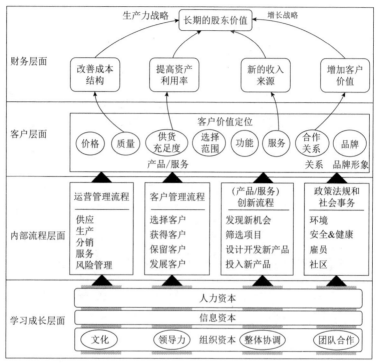

图 1-1　战略地图

通过战略地图，企业能够以更为通俗易懂的方式传达战略，确保所有员工都能明确理解并为之努力。这种分解和沟通的方式有助于将战略转化为具体的行动计划，促进企业更好地实现战略落地。

（二）战略地图与人才地图的关系

2008 年，沃顿商学院的彼得·卡佩利（Peter Cappelli）

教授提出"人才供应链"的概念，这一概念借鉴了产品供应链的理念，意在确保企业的人才供应能够满足业务需求，同时控制好人才冗余（库存），从而提高企业的经营绩效，实现可持续发展。

对于人才供应链管理而言，战略地图是HR（代指人力资源从业者）用来管理绩效落地、与管理层达成共识的一个重要工具。

如何做好绩效管理呢？

首先，HR与管理层通过战略地图对绩效指标达成共识。绘制战略地图是将战略转化为绩效指标，最终进行的可视化表达的方式，因此通过战略地图能有效保持企业对于战略的共识。其次，战略地图告诉我们工作的重心以及工作各层次之间如何有效承接，让人才规划能够将企业战略落地到关键岗位及核心组织能力上。

科利斯（Collis）和蒙哥马利（Montgomery）在《公司战略：一种以资源为基础的方法》一书中描述了以资源为基础的公司层面战略：一个出色的公司战略是精心构建的有机整体，而不是随机的割裂部分的组合。一项伟大的公司战略中，所有的要素（资源、业务和组织结构）相互协同一致。这种协同受企业资源的本质驱动，即它特有的资产、技能和能力。如何将一个组织凝聚在一起，并且能够协同不同部门为一个目标持续发力？罗伯特·卡普兰通过一系列著作阐述了战略性组织中的核心部分，通过平衡计分卡的方式推动战略流程实施。他把这种能够系统阐述、衡量并管理战略的组织称为"战略中心组织"，把建立企业战略的过程分为四个步骤，如图1-2所示。

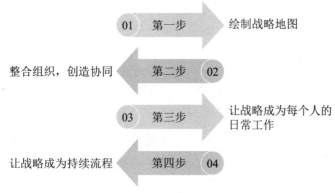

图1-2　建立企业战略的四个步骤

卡普兰的《战略地图——化无形资产为有形成果》中提供了一个案例：索恩顿石油公司是如何分解战略的？他们确定的企业战略是营销卓越和增长的食品专营，并提出了六个层面的目标：

● 物美价廉的汽油。

● 基础：清洁、安全的库存商品。

● 快速出入服务。

- 友好而富有知识的员工。

- 著名食品、产品和服务的目的地。

- 优越的设施和地点。

可以看出，战略地图中，跟企业组织能力相关的是"友好而富有知识的员工"，目标是帮助促进现有员工拥有丰富的学识。为了完成这一战略，企业设立了"员工至上文化"这一关键主题，从而将企业文化从命令控制型转为支持型。这种转变对于激发员工的创造力和促进知识共享至关重要。

除了企业文化的转变，要实现其他战略的落地，完成公司营销卓越的财务战略目标，还需要不断调整组织战略，升级公司现有的组织能力，甚至在某些情况下可能需要替换那些与战略方向不匹配的员工。这一过程需要细致入微的人才管理策略，以确保组织在变革中保持稳健和灵活。

从这个角度来看，战略地图和人才地图是相辅相成的。战略地图为企业提供了明确的战略目标及实现这些目标的路径，而人才地图则通过精确的人才盘点和外部搜寻，确保企业拥有实现这些战略目标所需的关键人才。这种匹配不仅有助于企业高效地实现战略目标，还能在变革中保持组织的稳定性和竞争力。

■（三）战略地图与人才地图结合

企业战略地图为企业提供了明确的发展方向和目标，而人才地图则是确保这些战略目标得以实现的关键。人才布局作为第一步，至关重要，因为它涉及企业能否找到合适的人才来推动战略的实施。

战略地图和人才地图的结合，解决了企业"到哪里去、怎么去、由谁来落地"的核心问题。战略需要由具体的人来执行，而这些人从哪里来？可能是企业内部已有的，也可能是需要从外部引进的。

因此，人才地图分为内部和外部两部分，先通过内部人才盘点来确定企业现有的人才储备情况，找出能够胜任关键岗位的人才；如果内部人才储备不足，企业才会生成一个向外的需求。而企业需要的这些核心人才分布在什么地方，只有通过外部人才地图才有全面的认知。

人才地图的绘制涵盖了丰富的信息，包括行业的发展历程、市场容量、产品分类等宏观行业信息，公司的发展历程、产品线、业务布局等微观公司信息，以及人才个体的信息，如管理层的姓名、背景以及招聘岗位的具体情况等。在绘制人才地图的过程中，我们关注的重点是明确关键岗位的人才主要来源于哪些行业、哪些公司以及哪些具体的岗位，从而为企业的人才规划和招聘提供有力的数据支持。

人才地图一般根据战略需求分为四类，如图 1-3 所示。

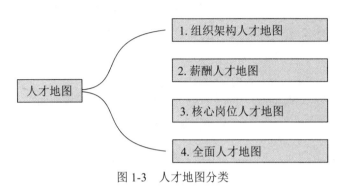

图 1-3　人才地图分类

1. 组织架构人才地图

通过对行业领先企业的组织架构进行深入调研，我们可以了解业务布局与人才组织结构的信息，进而形成直观而精准的判断。基于这些信息，我们能够清晰地认识到本企业与竞争对手在战略布局上的异同之处。只有正视存在的差距，才知道接下来企业应该怎样做、怎样布局。

2. 薪酬人才地图

掌握行业内优秀企业关键人才的薪酬状况与架构，是打造有竞争力的薪酬体系的关键。在收集并分析这些信息后，我们能够了解薪酬配置与员工激励、工作成果之间的内在联系。通过与自身信息对比，我们能够获得企业未来的组织发展方向的有力指引，同时优化关键人才的留存与招聘策略。

3. 核心岗位人才地图

针对竞争对手的核心岗位人才进行调研，是了解其未来战略动向的关键。通过分析企业核心战略人才的分布，我们可以预见未来五年内企业的发展方向。这实质上是一种深入的市场调研，通过了解竞争对手在核心人才上的组织架构，我们能够洞悉其未来的战略布局。基于此，企业可以构建更为精准的人才布局。

4. 全面人才地图

综合上述人才地图，我们能够获得关于企业组织架构、核心人才状况以及薪酬架构的全面洞察。这些信息是我们进行战略决策的坚实支撑，使我们能够更加明确地制订行动计划，引领企业在激烈的市场竞争中取得优势。

二、推动人力资源从职能部门向效能部门转变

在传统企业中，人力资源部门往往被视为边缘的、支持性的职能部门。然而，随着企业对人力资源效能的重视，老

板们突然醒悟：人力资源部门是能用专业的方式改善 ROI（投资回报率）的部门，人力资源部门也可以像研发部、销售部一样，成为直接为企业产出资源、提高效率的部门。

人力资源效能，即人力资源工作的投入产出比。具体来说，就是通过将经营贡献（如财务绩效或与之密切相关的市场绩效）与不同层面的人力单位（如公司、事业部、部门、团队、个体等）相联系，来衡量不同人力资源的投入是否取得了相应的效果。当我们将人力资源部门定位为经营性部门，负责提升企业的整体效能时，人才地图便成为除人才盘点、企业培训之外另一重要的效能提升工具。

人才地图帮助企业提高人力资源效能，主要体现在以下三个方面。

1. 精准定位，提高招聘准确率

1975 年，IBM 360 系统之父弗雷德里克·布鲁克斯（Frederick Brooks）曾聘用过多名程序员。他在《人月神话》一书中给出了一个统计结果：优秀程序员的开发效率是普通程序员的 10 倍。这么多年过去了，这个数字依旧被行业普遍认同。

招聘工作往往属于企业人力资源部的"脏活累活"，HR甚至被称为"救火队员"，总是在岗位出现空缺时匆忙填补，工作十分被动。因此，招聘往往成为企业人力资源部不愿意接触的工作领域。有些公司需要花大力气不断招聘优秀的招聘经理，因为前一个招聘经理没有成功招聘到老板和部门需要的人才，被淘汰了。

如果有了人才地图项目，人力资源部门就能主动了解市场人才信息，提前定位，企业有需要的时候能直接寻访相关人才，提高招聘速度。即使由于某些原因未能成功招聘到合适的人才，人才地图也能为用人部门提供精准而有效的人才市场信息，帮助其分析主客观原因，并为后续招聘提供改善建议。

关键岗位的错误招聘，不但可能造成企业战略落地的延误，也会给团队造成负面影响，人员更替频繁会严重损害团队文化以及雇主品牌，聘错的成本太大。实际上，提高招聘成功率是一项极具挑战性的任务。被誉为全球第一 CEO 的 GE 前 CEO 杰克·韦尔奇曾坦言，他花费了 30 年时间才将招聘成功率从 50% 提高到 70%。这充分说明准确招聘的难度之大。反过来看，如果企业人力资源部门能够成功招聘到一名合适的人才，便能够极大地提升企业的人力资源效能。

人才地图项目通过帮助企业了解行业人才信息、定位优秀人才，为企业提供了清晰的人力市场信息。这使得企业能够精准地锁定所需的核心人才并直接进行寻访，从而减少不必要的阻碍并促进招聘决策的科学化。

2. 薪酬调研协助，帮助企业育人留人

大多数企业已经认识到建立识别、培养、激励和保留人才机制对于企业发展的重要性，但在实际操作中却往往因为遇到各种障碍而难以有效开展相关工作。其中较为关键的就是薪酬的分配。

通过人才地图项目，我们能够获取市场上行业竞争企业的薪资信息，从而了解自身企业的薪酬架构在行业内对人才的吸引力，以提高本企业的薪酬竞争力。很多招聘人员听过这个拒绝理由：薪资不匹配。通过市场关键人才薪酬调研，我们可以快速知道企业的薪酬具有多少竞争力，是低于市场还是高于市场。

人才地图项目还能帮助我们了解市场薪酬架构，并对比本企业薪酬水平在市场的百分位排名。根据对企业人力资源效能的评估结果，我们可以确定本企业薪酬的竞争力水平，并提前为企业的"选人、育人、留人和用人"工作做好充分准备。

例如，某 500 强化工企业一直认为自己的薪酬福利在行业内属于有竞争力的水平，但是员工却没有充分感知。当员工准备跳槽去其他企业时，才发现自己目前拥有的福利非常

不错。因此，给得多，不如给得好。企业要用恰当的方式提高员工对薪酬福利的感知。这时候，企业如果引入薪酬人才地图项目，通过准确而清晰的数据来帮助员工建立对自身企业薪酬福利的感知，就能起到较好的作用和效果了。

当然，若通过薪酬人才地图发现本企业的薪酬在行业中缺乏竞争力，那么，企业就需要找出其他方面的优势作为综合竞争力的亮点，同时也要努力提升薪酬的吸引力，这样才能在当下激烈的人才竞争中立于不败之地。

3. 建立和优化关键人才数据库

GE 前 CEO 杰克·韦尔奇先生曾宣称，通用电气所有子公司的任何一个首席执行官离职，他都能做到在 24 小时之内为董事会的任命提供继任名单。这种惊人的高管选拔效率背后是他所建立并不断完善的人才盘点和人才库系统。

据悉，杰克·韦尔奇通过长时间的积累，搭建了一个包含数千人的数据库。他每到一个地方出差，就会打开人才数据库查看当地人才，约相关人才喝咖啡聊天。通过全球各地出差时的咖啡时间，他不断对这些关键人才进行盘点和评估，从而对人才数据库进行持续的梳理和更新。在这个过程中杰克·韦尔奇实际上扮演了 GE 最大的人力资源官的角色。正是因为他对人才库的不断优化和更新，GE 才能够在人才任命方面保持积极、有效和及时的响应。

如何制定科学的企业内部人才供应链，并且能在短、中、长期不断满足企业的人才战略发展需求呢？答案就是搭建属于企业自己的关键人才数据库。只有建立了这样的数据库，企业才能在关键人才继任、关键人才培养以及关键人才职业发展等方面提前做好规划，为提高企业人力资源效能奠定坚实的基础。对于关键人才而言，企业应该设计针对这些人才发展的关键路径，明确他们在各个阶段的发展目标，并为他们量身定制个性化的发展计划。最终企业需要建立一个连续且完善的"人才库"管理体系与关键人才发展体系，以确保企业能够在需要时迅速找到合适的人才填补关键岗位空缺。

而人才地图在帮助企业建立外部人才库方面发挥着重要作用。借助人才地图，企业可以了解关键人才在市场上的分布情况，从而在合适的时候吸引这些人才加入企业，不断更新和优化企业的人才供应链。这样就能够确保企业在任何时候都能拥有足够数量和质量的关键人才来支持企业的战略发展和目标实现。

第二节 ——→
去除干扰，提高招聘准确率

案例

　　M 医疗集团在最近五年一直以几何级增长速度发展，在发展到年营业额超过 40 亿元后，该集团意识到不能再像过往一样只依靠销售来增长，而应该设立市场部门，由市场总监来制定公司的市场推广和营销政策，并且从战略角度树立应有的品牌形象。经过内部人才盘点发现，由于公司过去十几年注重销售人才的培养，市场部门的职能都由区域销售兼任了，无法找到能力较为全面而又有高度的人选来担此重任。公司高层基于对行业的认知，认为最合适的人选应该来自国际医疗器械公司 G 医疗以及国内医疗器械老大 F 医疗，并且给出了明确的人才画像：35~40 岁，男性。

　　猎头公司与 M 医疗集团人力资源部门配合把 G 医疗和

F医疗的相关人选都沟通了一轮，筛选了3个适合的人选给HR。最后面试了2个人选，其中1个人选顺利通过了副总裁和董事长的面试，进入谈薪阶段，结果这个人选因为家庭问题选择了放弃入职。

猎头公司又进行了漫长的猎寻，后来再推荐的几个人选给HR，都无法通过第一轮简历筛选环节，招聘项目进入停滞期。过了数月，副总裁和董事长都问责人力资源部门，认为人力资源部没有很好地完成市场总监招聘工作，以致延误了企业在市场品牌战略上的规划和布局。HRD（人力资源总监）只好找猎头公司沟通，询问如何才能推动招聘项目重新启动。猎头公司将已知晓的人才地图信息展示给HRD，告知由于设置了较为狭窄的人才画像，使得太多符合条件的人才被挡在门外。尤其在外资医疗器械公司中，女性市场人选大约占了半壁江山。

了解人才市场具体的情况后，HRD重新跟副总裁和董事长沟通，高管觉得可以放开性别要求，看看具体人选情况再做决定。接下来，猎头公司推荐了3个女性人选，面试后很快锁定了1个人选并顺利招聘到岗。

M医疗集团的HRD很感谢猎头公司出具的人才地图信息，如果没有这样的信息，可能会一直延误企业招聘。M医疗集团能迅速根据市场情况进行招聘条件的调整，最终顺利让核心高管到岗。

从这个案例可以看出，招聘效率低下往往有两个原因：一是对招聘市场的深入了解不足，二是执行层面的推进不力。提高招聘的准确率关键在于加强公司内部对人才信息的沟通同步，并确保整个招聘流程中的各个环节能够步调一致地推进。

一、重塑认知：开放且动态的人才观

瑞·达利欧（Ray Dalio）在《原则》一书中提到，他创办桥水基金公司最重要的原则之一，就是保持极度的开放。要做一个极度现实的人，拥有极度开放的头脑，需要保持极度求真、极度透明的工作方式，以你认为最好的、独特的方式去做事、去实践，才能达成目标。

为了达到这样的状态，我们首先需要改变主观臆断的习惯。但在招聘过程中，企业很容易犯以自我为中心的毛病。这种自我中心主义不仅会导致招聘效率降低，还可能使招聘流程陷入僵局，甚至导致整个招聘项目的失败。这种失败的根源在于，招聘方过于主观，缺乏现实性、客观性和开放性，从而无法有效地解决问题和实现招聘目标。

要打破这种局面，我们需要对人才市场有深入的了解，同时对企业的自我定位有清晰的认知。如果我们对外部市场一无所知，对内部招聘标准也模糊不清，那么我们就无法将外部信息和内部需求有效地整合在一起，这将直接导致招聘标准的混乱和不清晰。

人才地图怎样为招聘提供开放且动态的人才标准的认知呢？当我们对市场的人才情况有了一个较为清晰、透明和全面的认知时，就会知道什么样的人更适合企业现在的发展状况，并且知道去哪里找到这种适合企业发展的关键人才。持续对人才信息保持开放，并动态地调整我们的招聘策略，可以帮助我们缩短招聘周期，找到更有效的招聘解决方案。

在实际招聘过程中，我们经常会遇到这样的情况：一个岗位空缺了半年，却始终找不到合适的人选，最终因为无人胜任导致企业错失了发展的良机。当老板质问人力资源部门为什么招不到人时，HR往往无言以对，因为他们发现老板心目中的理想人选在市场上根本不存在。

为什么企业核心招聘岗位没有标准？或者用人部门有标准，却无法找到人去填补？关键的点在于，用人部门对于人才市场完全不了解，只是拍脑袋确定了一个岗位，就丢给HR招聘。这种做法与盲人摸象有什么区别？

人才地图作为一种强大的管理工具，可以帮助我们梳理人才市场的情况，使招聘工作更具针对性和有效性。通过提前进行人才规划，我们可以为企业的发展战略提前布局，为老板的招聘决策提供有力的支持。

1. 老板想要招聘这个级别的人，能否胜任这个工作

公司想要招聘一名销售经理，可是招了好几个月，面试了很多人选，都觉得达不到要求。老板找 HRD 开会，质问为什么招聘进度落后，以至于没有合适的人选上岗推动销售工作。HRD 把最近面试的人选跟老板说了一遍，却无法说服老板录用其中的任何一个，老板希望招聘的理想人选，要能立马上任，并且能推动销售战略管理。如果这个 HRD 做了人才地图项目，就可以把市面上的人才的梳理情况汇报给老板，并且给老板提供两个解决方案：一是提高薪酬待遇，直接招聘销售总监；二是降低工作年限要求，招聘一名有潜力的普通销售来培养。通过清晰的人才地图就能确定人才级别，不至于招聘流程走了一大半，才发现人岗无法匹配，迟迟招不到，或者招聘到岗了却无法胜任。

2. 老板想招聘这样的人，到底找不找得到

老板确认了招聘需求，但是这样的人在市场上有没有？在哪里有？人才地图就像人才 GPS，为招聘导航。如果确实存在这样的人，就执行招聘方案，按照导航走，时间到了，

自然就有结果；如果不存在这样的人，就应该根据实际情况修改招聘方案。

3. 老板给出这样的薪酬方案，到底能不能吸引理想人选

有了人才地图，就可以清晰地了解市场同等人才的薪酬情况，同时了解自身企业薪酬状况是否具有吸引力。如果薪酬不具有吸引力，是修改薪酬方案吸引人选，还是从其他方面吸引人选？是上升空间、企业文化氛围，还是提供学习机会？在薪酬谈判阶段可能会遇到哪些问题也就一目了然了。

二、推动执行：制订精准的招聘计划

《礼记·中庸》中有句古训："凡事预则立，不预则废。"深刻揭示了预先规划与成功之间的紧密联系。在招聘领域，这一原则同样适用。

在执行层面，当我们对市场情况有了非常清晰的认识，就能够比较内部和外部信息，进行信息核实，各部门就能够很清晰地知道自己要招聘的人需要符合什么标准，以及最后执行可能会遇到什么问题。一旦对招聘流程可能遇到的问题提前做出预判，就能在招聘过程中避免很多问题。

理性地进行招聘计划布局，能够确定究竟是通过猎头来

招聘还是内部 HR 就可以解决。如果企业 HR 和用人部门对人才市场的信息都足够了解，当接触到符合标准的人选时，就可以快速确定聘用动作。而这些决策都是基于对人才情况有较为全面的认知才能做出来的，因此后续计划的每一个步骤就更加贴合现实。

1. 确定计划

拥有详尽的人才地图就如同掌握了明确的导航方向。我们的目标是确定最高效、最符合成本效益的招聘路径。是直接联系目标人选，还是部署一项系统性的招聘计划，取决于目标人才的稀缺程度、市场竞争状况以及企业的实际需求。

2. 执行计划

许多企业在招聘时都设定了大致的时间表，期望核心人员能够尽快到岗。然而，在缺乏对人才市场深入了解的情况下，这些计划往往难以如期实现。用人部门的"越快越好"式的催促只会加剧招聘过程中的不确定性和焦虑。

相反，如果我们以人才地图为指南，就能对市场状况有一个大致的把握，从而更准确地预测招聘流程中可能遇到的挑战和所需的时间。这样，我们不仅能够为用人部门提供更为合理的预期，还能确保整个招聘过程与企业战略步伐保持一致，共同推动企业向前发展。

👥 案例

　　某 AI 公司计划招聘一个图像算法团队，来支持企业算法应用的工作。在没有人才地图项目的时候，老板给定的招聘标准如下：研究生学历，三年同等图像算法工作经验，有智能终端项目经验者优先，并且列举了十个目标公司。因为属于初创团队，人手和经验都不足，HR 先自己招聘。招聘了很长一段时间，人选的到面率和入职率都特别低。HR 工作繁多，不仅要承担招聘工作，还有大量的其他工作，于是由猎头继续招聘。猎头也招聘了一段时间，推荐了不少人选，发现到面率提高了，但入职率依旧很低。

　　公司对十个同行业目标公司算法人才倒是面试了一些，也给一些人发了 offer（指录取通知），但这些人最终无一人入职。公司对目标公司部分人才情况也有了一些了解，却无法找到招聘成功率低的原因。企业的招聘还在继续。慢慢地，猎头公司感觉成功率偏低，不再继续推荐人才。后来，企业老板觉得算法团队需要博士做预研，猎头公司推荐的人就更少了。HR 只能持续开发新的猎头供应商。

　　如果做了人才地图，对同行业算法团队人才情况有充分的认知，就会知道算法人选往往会面试很多企业，并且拿好几个 offer 对比。他们不仅挑平台，还比较薪资。当遇到合适的人就要开出相对有吸引力的薪酬来吸引人选。正因为对市场情况不了解，企业才会拍脑袋做招聘，走一步看一步，没有招聘计划，更谈不上执行。

三、落实结果：优化招聘流程与策略

在深入了解了人才市场及企业内部需求后，人力资源部门能够推动用人部门形成明确、切实的招聘标准。这不仅有助于确定所需人才的类型，还能估算出招聘成本，从而显著缩短决策周期。通过提供这些信息，人力资源部门可以帮助用人部门摒弃不切实际的期望，在合理的条件下找到最适合的人选，使整个录用过程更加清晰、高效。

1. 完善面试流程

在人才筛选阶段，人力资源部门依据精准的人才画像，推荐符合标准的人选给用人部门。然而，是否安排面试，往往是企业内部容易产生分歧的环节。刚开始面试可能会很顺畅，毕竟可以通过第一轮面试的反馈调整方向，用人部门还有十足的动力来配合人力资源部门的各种面试安排。可是在面试了多批候选人后，如果发现他们与原定标准存在较大差距，用人部门可能会感到沮丧并质疑人力资源部门的工作效率。

更糟糕的是，有时人力资源部门费尽心思找到了市场上的稀缺人才，却无法使用人部门认识到这个人选的重要程度，要花大力气说服用人部门，用人部门却不用对待稀缺人才的方式去面试。那个被 HR 游说过来面试的"别人企业里的优秀员工"可能会感到没有受到重视，最终选择放弃这个机会。

为了避免上述情况的发生，我们除了需要做好人才画像的工作外，更重要的是要确保用人部门甚至企业高管对人才信息有充分的认知。这包括了解候选人在市场上的级别、相似候选人的数量、寻找替代候选人的难度以及候选人对企业战略的潜在贡献等。

这些信息的获取和理解应该在实际招聘的前期就完成。因为对于优秀、稀缺的人才来说，如果他们在面试过程中没有得到应有的重视和尊重，就可能会影响他们的面试体验和后续的谈判。因此，我们需要根据真实有效的人才地图信息来制定合理的面试策略和流程，以便在面试前和面试中给予优秀、稀缺人才足够的重视和关注，从而提高招聘的成功率。

2. 提高录用效率

借助人才地图的信息，人力资源部门能够更好地推动面试流程的顺利进行，并妥善安排面试事宜，从而也能推动企业的有效录用。

这个人选在市面上的稀缺程度如何？其薪酬是否被低估？其薪酬要价是否过高？我们开出的薪酬吸引力是否足够？一份包含薪酬信息和组织架构信息的全面人才地图，能协助企业做出有效率的录用决策，从而避免在录用决策过程中犹豫不决、拖延时间。同时，它还能帮助我们更为开放地调整薪酬方案以吸引优秀人才。即使薪酬方案不能完全满足候选人的期望，我们也能通过了解企业在同行业中的优、劣势找到其他补充信息来与候选人进行谈判。

人才地图是如何帮助企业了解人才市场的呢？

通过人才地图的分析，我们还能够确定准确的人才画像，即目标岗位的人才标准。这样，在面试和录用的过程中我们就能够明确候选人与人才画像的匹配程度，从而避免后续入职后出现麻烦和人才再流失。

在实际工作中，我们常常看到有些候选人在入职新企业后对工作岗位或企业环境感到不满意而选择离职。其中一个重要原因就是他们的工作职责与原先的期望存在较大差异。

这可能是因为职责划分不明确，导致候选人无法发挥自身优势或者承担了过多不属于自己职责范围的工作。因此，通过明确人才画像和匹配程度我们能够更好地确保候选人与工作岗位的契合度，从而提高招聘的成功率和员工的稳定性。

第三节 ——→
人才地图优化招聘流程

人才地图能够显著提升招聘效率，确保招聘计划的制订更加符合实际需求，并统一招聘标准。人才地图在优化整个招聘流程中发挥了关键作用，重点体现在招聘流程的三个步骤：帮助明晰人才画像、改善人才渠道组合及优化招聘规划，如图 1-4 所示。

图 1-4　人才地图改善招聘流程

一、帮助明晰人才画像

人才画像，简而言之，就是企业对目标人才特征的全面描绘，包括专业技能、工作经验、个人素质等多个维度。与人才画像相近的概念有任职资格、胜任力模型等。人才画像的概念由用户画像引申而来，又根据胜任力模型交互发展应用在招聘领域，逐步形成了对企业所需人才标准的精确勾勒。

杰夫·斯玛特在《聘谁》一书中将人才画像划分为三个层次：使命、成果和能力。其中，使命揭示了工作的本质，成果代表了具体的工作任务，而能力则是确保任务顺利完成的胜任力。这三个层次相互关联，共同构成了完整的人才画像。

有了清晰的人才画像，就能更高效地招聘到匹配的人才，从而帮助企业解决大部分错聘问题。如何才能绘制出清晰的人才画像？首先必须深入了解市场人才状况。仅凭主观臆想或盲目招聘，往往难以找到满意的人才。核心人才招聘，也不能直接挂个招聘广告，等待人选投递简历，最后那些推进来的简历大概率不会令人满意。通过人才地图项目，企业可以洞悉竞争对手的核心岗位画像，从而解决目标人选画像不清晰导致的招聘难题。

现实中，因缺乏人才地图这一有力工具，企业无法准确界定人选画像，最终错失合适人才的案例屡见不鲜。而借助人才地图的力量，企业可以更加精准地描绘人才画像，进而在激烈的市场竞争中抢占先机，吸引并留住优秀人才。

ஸ்டீ案例

　　某创业型互联网公司委托猎头招聘一名产品经理，发来的职位描述让人吃惊，这个职位的要求是直接对应一线大厂的产品总监，但是薪酬范围只有 30 万~50 万元，猎头觉得肯定找不到合适的人选。大股东坦言这个岗位已经招聘了好几个月，曾经找到一个符合要求的人选，但只上班一周就离职了，以后面试的人选感觉不太匹配企业的要求。

　　比起有丰富招聘经验和招聘团队的大型企业，创业型企业招聘会更容易进入人才画像大而全的误区，总希望招聘一个全才来解决所有的问题。

　　L 数据公司希望把受追捧的隐私计算放进自己的产品组合里，以便更好地开拓市场需求，因此准备组建一个隐私计算研发团队，先招聘一名隐私计算算法专家来牵头。他们给出的招聘要求如下：

- 博士学位。
- 三年隐私计算算法和开发经验。
- 有完成产品开发的经验。
- 有带团队的经验。

　　当合作的猎头公司将候选人 A 推荐给 L 公司后，HR 回复这个人选没有博士学位，不愿意推动下一轮面试。A 符合

L 公司的三个条件，唯一被排除的是硕士学位。当时 A 处于上一家公司解散的空档期，所以愿意接触没有任何隐私计算技术积淀的 L 公司，也不介意异地工作。

A 被拒绝后，L 公司陆续收到几份推荐，其中包括符合所有条件的其他人选，由于隐私计算领域属于风口行业，候选人有很多机会，因此他们没有强烈的愿望加入 L 公司，只是持观望态度。在等了一个月也没有等来猎头公司推荐新的人选简历后，L 公司高层着急了，要求继续面试 A，但 A 已经接受了其他在同一个城市的企业录用，不愿意接受 L 公司的面试安排了。

二、改善人才渠道组合

招聘渠道管理在提升企业招聘效率和成功率方面扮演着至关重要的角色。现今，招聘渠道日趋多元化，包括网络招聘、校园招聘、现场招聘会、猎头服务、企业内部推荐以及新兴的直播带岗等形式。

通常而言，对于初级职位的招聘，校园招聘、网络招聘和现场招聘会等方式往往能够取得较好的效果，因为这些渠道能够广泛吸引应届毕业生和初入职场的求职者。然而，对于中层及以上的关键岗位，如果企业仍然寄希望于被动地等待简历投递，结果往往难尽如人意。这是因为这些职位对求职者的经验、能力和素质要求较高，而被动招聘方式难以精准地触及这些高潜力的候选人。

不了解人才的具体分布，企业难以制定出有效的招聘策略。因此，深入理解人才市场的动态和趋势，成为企业提升招聘效率和成功率的关键所在。

案例

在"全民直播"的大环境影响下，直播购物逐渐成为购物的新方式，也衍生出"直播招聘"这样的创新招聘方式，让企业与求职者实现高度互动。而且直播招聘优势在于，相比于现场招聘更便捷、成本更低、覆盖范围更广，直播招聘在针对性、互动性和筛选效率等方面优于其他招聘方式，是逐渐被企业广泛运用的一种招聘模式。

无人机企业JJ飞行一直缺少算法类人才，在直播风靡的时代，企业也打算通过直播进行算法类人才的招聘。企业认真准备了直播间，仔细做了排练，连续进行了好几场直播招聘，可是发现收到的算法类人才的简历大多来自应届毕业生，完全达不到企业的聘请要求。

后来，企业在招聘工厂工人的时候，又尝试了直播招聘，发现收到了不少合适的工人简历，于是坚持做了一个月的直播带岗招聘工人，收到了超过 5000 份简历，效果比其他渠道好，而且成本更低。于是，公司招聘了一名新媒体专员，专门负责工人岗位的直播招聘工作。

JJ飞行当时面临开展新业务，又面临算法人才短缺的问题，急需招聘一名有相关业务经验的自动驾驶算法总监牵头业务，通过人才地图了解市场情况后，发现能够独当一面的算法人才基本需要 2~3 年的经验，于是决定通过猎头挖猎来寻找算法类人才，可花了几个月时间，猎头推荐的人选都非常初级，无法胜任总监岗位。企业又通过人才地图调研了各个竞争对手的算法部门，发现市面上这个业务在国内还没有适合的优秀人才。最后从公司算法部门的其他业务中做内部调动，自行摸索培养，同时招聘有相关经验的高潜人才。

在招聘前，借助人才地图，企业能够更精准地规划人才渠道组合，实现高效的人才获取，同时建立全面的人才库，从而轻松解决寻找合适人才的难题。

三、优化招聘规划

很多人对招聘之艰难深有体会，这主要是因为招聘紧密关联着人的因素，导致整个流程充满了未知与变数。任何一个环节的疏漏或错误，都可能迫使整个招聘流程回到起点。那么，如何预先洞察关键岗位可能遭遇的困境，并据此做好充分准备呢？人才地图，便是一款能够显著提升招聘过程透明度和预见性的实用工具。

案例

王易加入F科技担任研发招聘主管3个月以来，一直重点负责公司安卓系统开发的招聘工作。F科技是一家做LED显示器的科技公司，非常受资本追捧，在这种背景下，公司决定开始自行研发终端产品，以扩大公司研发优势，要招聘一批行业内优秀的安卓开发工程师。王易与用人部门开会，根据招聘流程的6个步骤进行了商讨：招聘规划、发布招聘信息、简历筛选、通知面试、面试实施、人员选拔与录用。他们计划3个月能够到岗10名5年以上经验的安卓开发工程师，并且分别列出了后面几个步骤的项目时间节点。

王易从事招聘工作多年，也有猎头工作背景，知道满足公司需要的人选在其他终端公司也同样炙手可热。为了达成招聘计划，他申请把岗位同时开放给猎头，自己也同步进行招聘工作。前一个月工作比较顺利，王易很快就确定了5名人选的终面，但接下来的事情让他措手不及：公司愿意给的薪酬无法满足人选的期望！原因是公司研发部同事原本的薪酬就不高，要考虑公司内部薪酬平衡，能给的薪酬无法吸引这几个人选到岗。

王易慌乱之下，不断给人选打电话，试图通过描绘公司的未来、发展以及团队内部的晋升空间来说服他们加入，但是这5名人选纷纷告知他：自己手头上有好几个offer，如果薪酬给不到，就不会考虑了。

王易又同公司研发高层沟通，同意把目标从一线终端品牌扩大到ODM企业，希望能招聘到低于市场平均薪酬的人选。可是这些人选同样手里有不少offer，其他厂商愿意用丰厚的薪酬吸引优秀的工程师到岗。

王易陷入了思考：为什么原来制订的招聘规划那么难以开展？为什么整个流程这么不顺利？

F科技在拓展新业务时，由于对人才市场薪酬信息的掌握不足，遭遇了未曾预料的困境。假如王易能提前做人才薪酬调研，全面收集并分析相关数据，就能更好地规划招聘流程，避免后期的被动局面。其中，信息不对称成为制约招聘效果的关键因素。当企业对目标岗位可能面临的问题缺乏了解时，招聘规划的合理性自然受到影响，进而降低招聘成功率。

如果在关键岗位招聘前，利用人才地图进行深入的市场分析，了解人才分布、薪酬水平及市场动态，企业便能充分评估招聘难度和流程时长，制订出更具节点性和预见性的招聘规划。同时，通过预测可能遇到的最大障碍并提前制定应对策略，企业能够协调各部门有效配合，确保招聘工作的顺利进行。

人才地图犹如企业的战略情报，通过它，企业可以实现对市场人才的全面洞察，使招聘流程变得清晰流畅。依据人才地图提供的信息制订并执行招聘规划，企业能够更高效地吸引并留住所需人才。此外，借助人才地图预先识别流程中的潜在问题，HR 能够实现多人协同作战、信息高效流转的愉悦招聘体验，从而提升企业整体的人才竞争力。

第四节 ——→
从战略地图到人才地图

一、从战略地图到人才地图的四个步骤

每个企业都深知战略的重要性，而大型企业更是通过卡普兰的战略地图将复杂战略可视化，以指导实践。然而，要将宏观战略细化为具体的人才布局，则需要通过以下四个步骤来实现从战略地图到人才地图的精准转化。

1. 根据战略地图确定明确的组织战略

组织战略，简而言之，是组织为应对未来环境的变革而制定的全局性、长远性和纲领性的目标规划与决策。它不仅是组织实现使命和目标的整体路线图，更是各部门协同作战的指南。基于明确的战略，我们首先要识别出企业最核心的经营指标，进而明确支持这些指标实现的关键子指标。接着，

我们将组织结构与经营指标进行精准匹配，即确定不同部门在实现经营子指标过程中所需的人才框架。这一过程类似于棒球比赛中的全身协同动作，每一个细节都至关重要，只有各部门完美协作，才能确保战略目标的顺利实现。

在实际操作中，我们通过一系列严谨的方法论，逐步推导出每个层面的战略重点。这些战略重点之间存在着严密的逻辑关系，它们相互连接，共同构成了一幅完整而精细的组织战略地图。

2. 锁定组织战略中的战略岗位

在明确了组织战略后，接下来的关键步骤是锁定那些对战略实现至关重要的岗位和人才，并明确他们的调整方向。"关键人才"是指那些在组织战略中占据核心地位的岗位和人才。他们需要被具体到相应的级别和岗位上，以确保战略的有效实施。这就好比射箭比赛中的箭矢有限，我们必须精确瞄准靶心，集中力量进行射击。同样，企业在资源有限的情况下，只有聚焦关键岗位和人才，才能确保战略目标的顺利实现。

在确定战略岗位时，企业需要不断进行自我追问和反思，究竟哪些岗位和人才是真正的核心？如何进行调整才能最大程度地推动战略的实现？这种追问和反思的过程，有助于企业更加精准地锁定战略岗位和关键人才。

3. 通过胜任力模型确定战略岗位的人才画像

很多大型企业都已经建立了自己的胜任力模型，这些模型通常都是以麦克利兰的冰山模型或博亚特兹的洋葱模型为基础进行变化的。人力资源部门需要灵活运用这两个模型，根据企业的实际情况进行调整，并针对不同的岗位进行开发，以精准地描绘出人才画像。通过胜任力模型，我们可以更加清晰地了解每个岗位所需的关键能力、素质和技能，从而为人才的选拔、培养和使用提供更加明确的指导。

4. 通过人才地图找到匹配能力素质模型的关键人才

最后一步是将理论付诸实践。通过前面步骤中建立的能力素质模型，我们可以进行人才地图的规划和实施。人才地图是一种可视化的人才管理工具，它可以帮助企业更加直观地了解人才的分布、流动和供需情况。利用人才地图，我们可以轻松地找到匹配能力素质模型的关键人才，并实现人才的精准匹配和高效利用。最终，通过这一系列精细化的布局和实践，我们将完成从战略地图到人才地图的全流程转化，为企业的发展提供强有力的人才保障和支持，如图1-5所示。

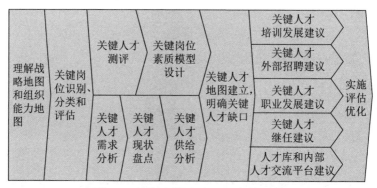

图 1-5   从战略地图到人才地图全流程

二、案例：AT&T 的战略地图到人才地图

AT&T 在 21 世纪的战略转型是一个从战略地图到人才地图的典范。起初，作为电信行业的领军者，AT&T 在 2012 年面临竞争压力，其长途电话市场份额跌至 52%。众多竞争对手，如 MCI、Sprint 以及数百家小长途电话公司，使得市场形势日趋严峻。为了重塑公司形象并实现战略转型，AT&T 采取了收购兼并的策略。然而，随着 Domain 2.0 项目的启动（2013 年），公司意识到单纯依靠外部策略并非长久之计，必须从内部进行深刻的变革。这场变革的核心在于将战略地图精准地转化为人才地图。

尽管 AT&T 设定了战略转型的目标，但很快发现大部分员工的能力结构与新业务需求不匹配。最初，公司考虑大规模裁员并积极招聘互联网人才。然而，与谷歌、亚马逊等公司在互联网领域的竞争使得招聘工作困难重重。于是，AT&T决定转变策略，重点培养现有员工的技能。

时任 CEO 的兰德尔·斯蒂芬森（Randall Stephenson）发现，尽管员工们在硬件操作上得心应手，但面对大数据、云计算等技术却知之甚少。为了弥补这一技能差距，AT&T启动了"Vision 2020"全员再培训计划。该计划结合在线教育和线下课堂，涵盖数字化网络、数据科学、编程等内容。此外，AT&T 与 Udacity 合作，为员工提供定制的学习课程。经过一段时间的努力，完成学业的员工获得了 10 万多枚"勋章"，这些"勋章"意味着他们获得了技术认证或Nanodegree（"纳米学位"）。值得一提的是，380 多名员工还学习了佐治亚理工学院的在线计算机科学专业硕士课程，其中部分已经顺利毕业并获得证书。

通过从战略出发的人才发展方式，AT&T 已与之前的竞争对手截然不同，展现出更加多元化的态势。

三、案例：W 数据公司的战略地图到人才地图

W 数据公司在历经三年的发展后，已拥有 200 余名员

工，并顺利完成了 B 轮融资，展现了良好的发展势头。然而，新任人力资源总监李婷在深入了解公司运营状况后，发现了一个亟待解决的问题：招聘流程的混乱导致人才与岗位需求的不匹配，进而引发频繁的裁员。

在与 CEO 的多次沟通中，李婷敏锐地捕捉到问题的根源——招聘活动与公司整体战略脱节。为了从根本上解决这一问题，她决定从战略地图出发，构建一张与公司战略紧密相连的人才地图。

战略地图，作为公司战略的可视化工具，清晰地描绘了企业通过优化人力资本、信息资本和组织资本等无形资产（学习与成长），创新和提升内部流程效率，进而为客户提供独特价值，并最终实现财务目标的路径。李婷深知，要将这张战略地图转化为实际的人才战略，需要一系列精心设计的步骤。

第一步，确定财务层面的目标。CEO 提到投资者希望在未来五年内将销售额提高到 10 亿元。这一目标与当前 1 亿元左右的销售收入相比，意味着巨大的增长空间和挑战。

第二步，调整客户层面的目标。对现有客户进行分析，并调整客户价值主张和提升时间表。《战略地图——化无形资产为有形成果》一书中指出："客户价值主张主要有四种，即总成本最低、产品创新和领导、提供全面客户解决方案、系统锁定。"W数据公司主要关注产品创新和领导，因此需要在数据产品研发上进行大量投入。为了在五年内实现9亿元的股东价值差距，需要制定具体的时间表。

第三步，确定战略主题（内部流程层面）。要找到关键的流程，确定公司的短期、中期、长期做什么事。有四个关键的内部流程：运营管理流程、客户管理流程、创新流程和社会流程。

第四步，分析提升企业学习成长层面的战略准备度。评估公司是否具备支撑关键流程的能力，具体包括人力资本、信息资本和组织资本。很明显，W数据公司在人力资本和组织资本方面较为薄弱，这导致它们难以顺利实现战略流程。

第五步，将战略地图所指向的人力资本和组织资本方向转化为行动方案。根据之前确定的战略地图，以及相应的目标、指标和目标值，制订行动方案，分配资源，并形成预算。

通过以上步骤，W数据公司可以更好地将战略地图落实到人才地图上，从而实现公司的长期目标和发展愿景。

李婷与CEO沟通后召开了高层会议，对《评估无形资产战略准备度》（表1-1）进行分析，完成了关于人力资本准备度的评估，最终指出产品和研发部门岗位是公司的战略岗位，通过对这两类关键人才的升级和换代，可以实现产品创新的重点突破，最终确定了人才地图的搜寻方向。

表 1-1 《评估无形资产战略准备度》

战略主题	战略性岗位	要求数量	合格数量	人才充足率	招聘解决方案	培训解决方案	内部提升解决方案	轮岗解决方案

资料来源：罗伯特·卡普兰.评估无形资产的战略准备度.哈佛商业评论，2004.

在企业的高层会议上，领导团队深入探讨了公司的整体战略方向。经过充分的讨论和交流，他们成功地将原本抽象且难以捉摸的战略概念转化为一张具体、可视化的战略地图，并就此达成共识。

紧接着，高层团队进一步将战略地图细化，分解到各个关键的战略岗位上。这一过程确保了每个岗位都能够明确自身的责任和使命，以及与公司整体战略的紧密联系。通过这种分解，企业不仅能够更有效地衡量战略的执行情况，还能及时发现和纠正战略实施过程中的偏差。

此外，将战略地图转化为具体岗位的过程中，企业也进一步明确了各核心岗位所需的人才特质和技能。这为企业后续的人才招聘、培养和激励提供了明确的依据，有助于构建一支与公司战略高度匹配的人才队伍。

第二章
绘制人才地图的角色与
关键沟通

我的任务只有三件事：建班子、
定战略、带队伍。

——联想集团的创始人柳传志

第一节 ——→
人才地图项目的发起者

　　人才地图项目应该由谁来发起？大部分人的回答是"人力资源部门"。除了 HR 从自身工作需求出发推动人才地图项目落地之外，企业负责人或高层管理者也可以是人才地图项目的发起者。在日常的交流中，我们或许会听到人力资源从业者提及公司启动人才地图项目的契机，如"招聘困境促使我们寻求新的解决方案"或"受到行业内其他公司的启发"。而中层管理者可能对项目的初衷感到迷茫，猜测"或许是因为内部人才储备不足"。

　　我们或许可以试着搞清楚，企业到底能从人才地图中获得什么价值。对于高层管理者而言，人才地图的最大价值在于提供了一个全面、系统的视角来洞察市场人才状况，从而指导未来的人才布局和战略举措。就像企业需要时刻关注行业内的产品研发和市场动态一样，了解同行业其他企业在人才上的布局同样至关重要。这些人才战略信息不仅为企业带来启示，更有助于满足当前及未来战略的人才需求。

随着企业的发展，人才流失不可避免，而处于快速增长阶段的企业则亟须补充新鲜血液以适应不断变化的市场环境。如何在这些关键时刻吸引和留住合适的人才，以支撑公司的人才战略，成为企业面临的重要问题。内部人才盘点和建立企业内部人才数据库是解决问题的关键步骤。同时，通过人才地图项目建立行业外部人才数据库，企业可以对外部人才市场了如指掌，确保在合适的时候"请合适的人上车"。

人才地图的另一大优势在于帮助企业发现潜藏在基层的高潜人才。北森人才管理研究院在2016年发布的《寻找未来领导人》报告显示，基层员工中的高潜人才平均在30.4岁才被组织关注和考虑进入管理序列。通过对外部人才市场的了解，确定行业优秀企业人才标准，反过来会促进公司内部高潜人才的发掘。

我们曾为一家国内上市体育用品公司提供过服务。该企业希望挖猎一批国际设计人才，来提高自身高端产品设计的能力。这些人才全部位于国外，如美国、日本。可是经过一段时间的挖猎以后，国际人才真正能够入职的屈指可数，这家企业发现无法吸引外部优秀人才，又由于自己已经是行业内的龙头企业，于是开始培养内部人才。经调查发现，有几个年轻的设计师可以通过送出去培养及提拔的方式快速成长起来。这个例子说明，人才地图项目反过来会促进内部潜力人才被看见、被挖掘。

战略性岗位上的"人才充足率"（数量上的）和"人才准备度"（质量上的）具有重要的战略性意义。因此，战略人力资本管理流程必须确定和关注对战略产生极大影响的战略性岗位。我们有理由相信，很多公司的战略能否成功，取决于企业对这些关键岗位员工的培养和发展。有了核心岗位的人才地图，且明确知道关键人才在市场上的稀缺程度，才能快速敲定招聘，并投入足够的时间和精力在重点人选的面试沟通上，制定有效的方式来完成招聘目标。

此外，人才地图项目还能修正高管对关键人才的认知偏差。以 GE 前 CEO 杰克·韦尔奇为例，他在任命继任者时面临巨大压力，担心做出错误决策。在这种情况下，人才地图项目提供了宝贵的信息补充，帮助他更加理性地做出决策并降低用人风险。

由 HR 发起的人才地图项目通常有两个出发点：一是因为用人部门急需人才，但通过人力资源部门招聘后依旧无法解决，于是希望通过人才地图来了解问题所在，并最终完成招聘需求；二是人力资源部门在了解了人才地图的理念和方法之后，希望通过提前做好人才战略规划，同时提升自己的对业务的理解和招聘专业度。成功的项目不仅能解决当前的招聘困境，还能提升人力资源部门在组织中的地位和影响力。然而，在推动这个项目的过程中，一个不容忽视的挑战在于，HR认为企业需要解决的问题是否与当前企业的经营战略重心或高管关注的问题一致。如果一致，HR要说服高管看到这种关联；如果不一致，HR需要考虑开展人才地图项目的目的是什么。

第二节 ——→
人才地图项目的各种角色

人才地图项目通常是由人力资源部门牵头，并需要企业内部各部门紧密协作的综合性项目。在理想的人才地图项目架构中，企业的高层管理者（如 CEO）应担任顶层设计师的角色，为项目提供战略指导和支持；而各业务部门主管则作为项目的关键推动者，积极配合并确保项目的顺利实施；最终，人力资源部门负责具体的发起和执行工作，确保项目的落地和成效。

由于参与者在项目中的角色和立场各异，他们对项目的期望和诉求也各不相同。同时，个人的时间、精力及工作职责等因素都会影响他们在项目中的投入程度。这些因素共同构成了项目推动过程中可能遇到的挑战和难点。

从项目成功的角度来看，各部门能否深刻理解人才地图项目的重要性和核心目标，是决定项目推动难度和最终成败的关键因素。只有当所有参与者都充分认识到项目的价值，并愿意为之付出努力时，才能确保项目的顺利推进和最终的成功实施。人才地图项目角色有 4 种，如图 2-1 所示。

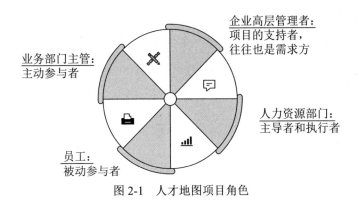

图 2-1 人才地图项目角色

一、企业高层管理者：项目的支持者，也是需求方

人才地图项目的四个步骤：确定关键岗位、明确人才画像、列出目标公司、进行信息调研。在人才地图的 4 种角色中，企业高层管理者尤为突出。他们不仅是项目的坚定支持者，更是核心需求方。他们深度参与至少前两个步骤，并在整个过程中提供协助。

人才地图服务于企业战略，为前瞻性决策提供信息支撑，同时为战略执行提供关键人才保障。而确定关键岗位，正是这一闭环的起点。企业高层需要审视战略布局，明确哪些岗位对战略落地至关重要，从而确保人才地图的焦点与战略需求紧密对齐。

在明确人才画像阶段，高层管理者更是不可或缺。他们需要与人力资源部门紧密合作，共同界定核心岗位的使命、预期成果及所需技能经验。此外，他们还需根据企业文化和价值观，筛选出那些真正与企业基因相契合的人才，确保人才地图的精准性和实用性。

为确保项目的顺利推进，高层管理者应积极参与以下关键环节：

- 出席人才地图项目启动会。会议可以跟企业年度战略会议或者人才盘点项目一起启动。人才盘点会往往是战略会议的延续，将人才盘点和外部人才地图同时进行有助于公司整合人才战略的统一。项目在这个会议上启动，有助于高管对人才战略有一个全面的理解，能更好地为后续应用形成思路，并且符合人才地图长期性的特质。

- 参与人才标准的制定。企业高管需要确定战略需要的人才标准，在人才盘点之后确定所需外聘的人才画像，再根据 HR 给出的人才市场信息进行调整确认，为后续的聘用提供决策指导意见。

● 引导企业人才文化。企业高层在组织内关注人才发展，
也不断了解外部人才的情况，这样才能为人才的识别和
甄选营造一个良好的文化气氛，使潜在的优秀人才得到
展现机会，最终促进战略人才在组织中的持续成功。

二、业务部门主管：主动参与者

人才地图项目通常是由人力资源部门主导，但业务部门
主管在其中的角色也非常关键，他们能够提供业务需求和视
角，确保人才地图与业务战略相一致。然而，由于招聘日常
化与碎片化，业务部门往往难以窥见人才地图的全局价值。
因此，人力资源部门需巧妙借助招聘紧急岗位等契机，说服
他们参与人才地图项目，通过在人才项目中的持续沟通，以
及帮助他们进行招聘和人员优化的过程，使他们意识到人才
地图项目在招聘中的重要作用，从而逐年提升业务主管的参
与度和投入度。

业务部门主管在人才地图项目中的具体职责包括：

1. 参与人才画像制定

在招聘的过程中，业务部门通常有自己的用人标准。但

因为招聘的过程未必能根据公司战略来实施，也对市场人才情况不了解，可能会有一定的偏差。HR 在接到用人需求之后，应与业务部门进行沟通，并基于人才地图中的人才信息持续修正和完善人才画像的标准。

2. 参与目标公司列举

业务部门是最了解行业竞争企业的，他们往往能够在业务层面上直接找出最贴切的行业目标公司。因为也同样比较熟悉上下游的企业信息，当直接竞争对手需要拓展的时候，HR 需要多跟业务部门就列出目标公司的事宜加深沟通，基于他们对业务的了解，业务部门可以帮助 HR 灵活地扩展目标企业的名单。

3. 参与信息收集

业务部门在行业内必定会有相应的人脉，从效率上来说，HR 找出对标人选的第一步可以通过跟业务部门要资源。这些人选信息往往可靠且直接，甚至有可能完全符合业务部门招聘人选画像，是 HR 不可错过的重要的人才信息来源。另外，业务部门都是面试官和重要录用决策者，如果他们在面试过程中有行业信息收集的意识，帮助 HR 有针对性地向面试人选了解行业人才信息，就能够直接补充人才地图信息，更好地推动项目开展。

现在很多大型企业开始对业务部门面试官进行面试技巧的培训，以提高招聘的正确率。如果能够通过培训提升业务部门主管的人才地图技能，将进一步提高其对人才市场的结构化认知能力，从而更好地支持人力资源部门推动项目开展。

三、员工：被动参与者

在人才地图项目中，普通员工常常被忽略，主要是因为他们几乎不参与招聘。实际上，通过合理的机制设计，员工可以成为人才地图信息的重要补充者和内推的有力推动者。标杆企业的实践表明，内推机制不仅能极大提升招聘效率和员工留存率，还能有效降低招聘成本。

四、人力资源部门：主导者和执行者

由人力资源部门主导人才地图项目是因为他们是招聘的主要负责人。由于 HR 的工作繁杂琐碎，他们投入大量精力和时间在招聘上，但有时却难以获得理想的结果，这可能导致业务部门收到投诉，且有较大的工作压力。市场上优秀的招聘专家身价提升的原因在于，他们所积累的丰富经验和高技术含量，这使得他们能够从结果上区分出普通的招聘专员和真正的高手。

人力资源部门逐渐认识到，招聘成果的不确定性不仅仅源于自身的努力程度或方法选择，更多地是因为对外部人才市场了解不足甚至一无所知。然而，这种信息缺失往往难以有效地传达给业务部门或企业高层，导致 HR 经常成为责任的"替罪羊"，面临着巨大的工作压力，有时甚至不得不选择离职。

为了缓解这种压力，一些企业的人力资源部门选择将招聘需求外包给猎头公司，以期通过外部专业力量来解决内部招聘难题。猎头公司的人才推荐服务确实能够在一定程度上满足业务部门的紧急招聘需求，帮助企业顺利完成招聘任务。然而，如果人力资源部门自身对市场人才状况缺乏深入了解，并且不具备基本的人才地图技能，那么他们在面对突发的、不规律的招聘需求时仍会感到无所适从。

只有当 HR 部门积极参与到人才地图项目中，即使企业选择购买猎头公司的人才地图服务，也需要 HR 部门具备整合和消化这些市场信息的能力，以确保这些信息能够真正为企业所用，并长期发挥价值。

正因为大部分企业的人才地图项目执行往往是由招聘部门或者 HRBP（人力资源业务合作伙伴）主导开展，很多企业会聘用有猎头经验的顾问来担任猎聘专家，除了考虑他们的经验可以帮助企业更好地管理猎头渠道，还因为猎头在人才地图项目中的经验可以直接应用于当前企业的招聘实践中。

总而言之，我们可以看到，由人力资源部门发起的人才地图项目，大多是直接导向招聘的，需要产出结果，且大多是中短期项目。而企业高层发起的人才地图项目，相对来说更注重过程，更在意信息调研和解决方案。不论是哪种情况，执行主体大多数都是招聘团队。分析清楚人力资源部门在人才地图项目中的作用，能更好地推动此项目顺利开展。

1. HR 的角色定位

无论是出于业务部门突发的紧急招聘需求，还是为了避免招聘旺季时的混乱情况，人力资源部门都会主动发起人才地图项目。同时，业务变更、新业务开拓或组织变更等也可能推动招聘岗位的突然出现，这时 HR 部门同样会发起人才地图项目。

有时候，公司高层基于公司战略，需要长期进行某一些核心战略岗位的人才地图项目，为企业战略决策提供有关人才的信息支持。不管发起人是谁，HR 都是人才地图项目的负责人，需要全程主导、协同公司高层完成核心岗位确定、人才画像制定、目标公司列举和信息收集整合的工作。后续还应根据需要制定相应的报告，并且完成招聘任务或者即使没有百分百完成招聘目标，也能给出人力资源提供解决方案。

2. HR 的角色职责

HR 的工作职责包括参与公司战略会议并且确认战略人才岗位，根据人才盘点项目结果确定最终外招人员数量和级别，清晰勾勒人才画像。

在人才地图项目中，HR 的角色包括主导人才地图项目启动会议，协同业务部门列出核心岗位目标公司，进行人才渠道管理、收集信息、调研。安排面试，并且对面试流程进行复盘，以期获得更深入的信息，补充人才地图信息，最终绘制出满足企业原定需求的人才地图。

第三节 ——→
猎头公司制作人才地图

一、衡量是否需要外购猎头人才地图

1. 需要深度构建的人才地图

当接到对一家公司进行深度调研以制定精准招聘策略的任务时，了解目标企业的组织架构细节显得尤为关键。然而，企业的人力资源部门往往受限于繁忙的日常工作，难以腾出充足的时间来进行详尽的调研。在这种情况下，为了确保能够快速而全面地获取所需信息，考虑借助猎头供应商的专业服务便成为一个高效的选择。

ॐ案例

某钟表公司需要快速搭建一个智能手表事业部，但由于一直从事传统钟表业务，对于智能穿戴行业人才情况不够了解，公司决定对行业头部的三家公司进行组织架构梳理，主要针对产品和研发两个部门实施人才地图项目。公司高层经过战略会议认为，由于并不清楚应该招聘什么层级的人才，因此这项人才地图项目包含目标企业产品和研发部门至少三个层级的组织架构信息和具体人选信息。也就是说，针对产品部门，除了产品一把手，还需要调研产品总监、产品经理级别的信息。通过了解行业头部企业的产品和研发部门组织架构信息、薪酬信息、人才情况，可以决定企业的新事业部的组织架构，最终明确最合适的人才画像，再配合后续的招聘和薪酬谈判。

人力资源部门评估后认为自身没有足够的资源来操作这个项目，向高层汇报后批准了猎头人才地图的经费，同意交由适合的猎头公司来实施。

HR 很快联系了自己经常合作的猎头公司，找到了对智能穿戴业务有较为深厚积累的顾问，了解报价后，很快确定了合作协议。要求在一个月以内提交三家竞品公司的产品和研发组织架构图，以及涉及人才的具体职业信息，还签订了后续录用的招聘合作框架。

猎头公司在约定期内提交了报告。而该公司后续经过内部会议沟通，因为有非常详尽全面的人才报告和人才组织架构关系图，也通过对方提供的详细人才调研信息表了解了不同层级的薪酬关系，很快就确定了新业务的组织框架，并且确定了最初招聘的三个岗位人选的人才画像。再次跟猎头公司沟通，请他们确定自己有意向的三名人选的兴趣度后，拟订了有针对性的薪酬方案，很快做出了录用其中三名人选的决定。

2. 涉及雇主品牌不便进行人才地图项目

考虑到雇主品牌的影响，一些企业在对目标公司进行人才信息调研时，尤其是涉及较为深入的项目时，会显得尤为谨慎。这些企业往往会选择借助第三方机构的专业服务来开展调研工作。

案例

某外资医疗设备企业的市场总监提出辞职，原因是觉得薪酬太低。作为大中华区域CEO没有权限改变薪酬上限，又希望挽留公司的市场总监，于是希望人力资源部门通过人才地图项目挖掘同行业对标的10家公司的市场部组织架构，来影响总部调整组织架构。由于考虑公司雇主品牌的因素，人力资源部决定交由猎头公司来进行。猎头顾问很快对这些公司的市场部进行了信息调研，交出了这 10 家公司的组织架构图。通过组织架构人才地图，HR 发现，其他同行企业的市场部人员规模都比自家小，却设置了市场副总裁级别，而自己企业目前的产品规模在全中国排名第一，但市场负责人只是高级市场总监岗位，因此薪酬设置要比市场副总裁低得多。通过递交确凿的组织架构图和薪酬信息给总部，很快进行了岗位调整，将市场高级总监升职为市场副总裁，从而成功地留下了企业的核心人才。

3. 不需要外购人才地图

第一，仅以成功聘用为目的的招聘。其实，猎头在做职位寻访的时候，大多都会用上人才地图的技巧，尤其是在某一个行业深耕的经验丰富的猎头顾问，在完成招聘任务的同时，积累相关人才和行业信息。企业如果仅仅是为了完成某些重要岗位的招聘，就只需要直接让猎头推荐合适的岗位人选即可，通过面试反馈持续不断地进行调整，则可以最终达成招聘目的。

第二，企业经费不足的招聘。有些中小企业或者快速发展型企业确实会在人才引进的各个环节遇到困难，于是寄希望通过人才地图项目来提高招聘效率。但实际上这些公司目前遇到的发展困难有可能大于人才困难，没有预算支付额外的人才发展费用。在权衡公司更需要解决发展问题后，要解决招聘困境，可以通过 HR 自行进行简单的人才信息收集整理工作，也可以部分解决人才信息不对称的问题。这种方法既经济又实用，无须强求外购人才地图服务。

二、怎样将猎头人才地图转化为绩效

1. 将人才地图转化为直接招聘

在高度重视人才投资回报率的当下，成功招聘到高效能人才是人才地图转化为实际绩效的直接体现。企业在决定开展人才地图项目并明确了人才画像及市场薪酬信息后，将这些洞察有效转化为招聘策略成为关键。与猎头公司签订的人才地图项目往往伴随着招聘服务的优惠折扣，因此在签订人才地图项目合同时，可以一并敲定核心岗位的招聘合同。经过详尽的人才地图分析，猎头公司的后续服务将变得更加透明和有针对性，如同牌桌上的明牌，使得最佳招聘策略一目了然。这种转化不仅有助于提升招聘效率，还能显著提高招聘的精准度，进而优化企业的人才投资回报率。

2. 将人才信息直接转化为业务决策信息

在新行业拓展或新产品布局时，企业往往面临巨大的投入和风险。此时，若能借助相关领域专业人才的经验，便能够绕过许多弯路，节省大量的时间和金钱。这正是近年来"专家网络"付费服务日益盛行的原因。通过人才地图项目，企业不仅能够获取人才信息，还能借此洞察市场趋势、建立专家智囊团，为业务部门提供有力的决策支持，直接推动业务的发展和创新。

3. 作为人才信息总图的人才地图项目

企业将人才地图项目中最为复杂的部分交由猎头公司执行，而自己则专注于对人才地图内容的持续跟进和信息补充。这种合作模式能够显著提升企业的人才供应效率。HR 部门的工作重点转移到了人才地图信息的迭代更新以及与内部其他核心岗位人才信息的整合上。通过将外部人才地图与内部人才库相结合，企业能够构建一个全面、动态的人才信息总图，从而真正实现提高战略人才招聘速度的目标。

第三章

人才地图绘制四步法

绘制人才地图的目的是什么？

在正式着手绘制人才地图前，请回答这个问题。

a. 深入了解目标公司战略布局、业务发展状况和高潜人才。

b. 了解目标行业人才情况，为企业招聘关键岗位提前布局。

c. 为了突出重点岗位，重点了解目标公司核心人才的变化。

d. 对行业成熟公司组织架构进行调研，为自身组织架构设计提供建议。

不同的目的，就会有不同侧重点的人才地图绘制方式。人才地图可以分为全面人才地图（Full Talent Mapping）、战略人才地图和组织发展地图。

如果你的选择是 b 和 c，那么需要的是战略人才地图，主要针对需要招聘的核心职位来进行全行业的挖掘，需要就某些特定岗位进行定向调研。

如果你的选择是 d，那么需要组织发展地图，侧重点在于对行业成熟公司的组织架构进行绘制，从而为自身企业组织架构设置的合理性提供意见和建议。

如果你的选择是 a，那么你要绘制的是全面人才地图，目的是了解行业信息、深入挖掘目标公司，包括战略布局、业务发展状况、创新方向、核心和高潜人才。

全面人才地图是一种强大的工具，能够全方位地揭示市场人才状况，它不仅为企业的组织架构和战略方向提供了宝贵的信息支持，更为后续关键岗位的招聘提供了有效的数据支撑。这种地图的涵盖面极为广泛，几乎囊括了所有类型的人才地图，但其真正的核心在于"全面"二字，即不仅仅局限于特定的职位或组织架构。

在本章中，我们将按照全面人才地图的构建流程，详细阐述其绘制的每一个步骤。值得一提的是，无论是战略人才地图、组织发展地图，还是那些需要参照行业竞争对手薪酬调研情况来制定的薪酬人才地图，都可以在全面人才地图的基础上进行灵活的调整和应用。

全面人才地图绘制包含四个步骤，如图 3-1 所示。

01 关键岗位	02 人才画像	03 目标公司	04 信息调研
根据公司战略，确定组织架构，再明确关键岗位	基于人才计分卡确定人才画像	列出三个层级的目标公司	信息调研四个步骤

图 3-1　全面人才地图绘制

第一步，根据公司战略来确定关键岗位。这一步至关重要，因为它为整个人才地图的绘制奠定了基础，确保了后续的工作能够紧密围绕企业的战略需求展开。

第二步，明确这些关键岗位的人才画像。通过深入剖析每个岗位的职责、技能要求以及期望的绩效表现，我们能够形成一幅清晰的人才画像，为后续的寻才工作提供明确的指引。

第三步，根据人才画像来确定目标公司。这一步需要我们利用各种渠道和资源，深入挖掘那些拥有符合我们人才画像的优秀人才的目标公司，为接下来的信息调研工作做好准备。

第四步，进入信息调研阶段。在这一阶段，我们将通过各种手段收集目标公司的相关信息，包括但不限于公司规模、经营状况、人才结构以及薪酬水平等，以便为我们的人才地图提供翔实、准确的数据支持。

案例

王杰作为招聘经理进入 Y 公司后，着手帮老板实施人才地图项目。根据老板规划的 3 年战略，王杰了解到公司希望把重点客户从国内几个大的电子终端企业扩大到全球性的企业，因此计划把研发中心从广州辐射，设立中国上海、日本和美国的研发分公司，并且开拓一条新的产品线，最终实现服务好客户在华东和东南亚一带的需求，同时分散总部研发的压力。

根据战略需求，王杰快速跟老板确定好大概的组织架构，明确了组织调整的先后顺序，确定了接下来的重点岗位需求包括研发专家和项目经理：通过招聘到行业内有经验的产品研发负责人，直接开发新的产品，拓展产品组合，满足客户更多的需求；招聘到有经验的项目经理负责打通重点客户渠道，为客户提供综合解决方案，提供定制化的服务。

开完会后，王杰快速对几家核心竞争对手企业进行了摸排。跟公司几个高层领导访谈一轮后，立马就列出了直接竞争企业。Y公司作为国内赛道龙头企业，列出来的目标公司首先要向世界龙头的企业看齐，这些企业有5~6家。安排公司2名招聘专员一起在不同招聘渠道和内部资源库找寻目标公司的人才简历并进行沟通，也跟来自直接竞争企业的同事访谈，迅速了解了研发专家的人才市场情况，做出了人才地图报告，并提交给老板，两周之内敲定了研发专家目标人选并录用。

研发岗位招聘比较顺利，可是项目经理的招聘却在通过一轮摸排之后出现了问题。因为发现在列出来的第一梯队的竞争企业目标公司中，根本就没有设置项目经理这个岗位！

因为这些企业的销售是由大客户部门来完成，而他们的大客户经理往往只需要跟进项目，维护好产品正常跟进即可，不需要进行客户渠道开拓的工作。找不到符合原定人选画像的人选怎么办？

王杰立马着手研究，通过跟业务部门沟通，重新列出了行业内国内同等或者类似产品的第二梯队企业目标公司，这些目标公司不像之前的头部企业那么大，但业务类似，发展阶段也跟 Y 企业差不多。招聘部门快速进行了行业地图项目后，王杰又发现第二梯队企业的项目经理工作内容是相似的，但他们并不符合 Y 企业需要的人才画像。公司的项目经理需要开拓国际顶尖终端企业客户，并且有过成功开拓的经验，同时公司在快速发展阶段，希望人选年轻有冲劲，有强烈的事业心。但这些企业因为规模较小，绝大部分的客户都是中小企业客户。

王杰接下来再次进行了行业分析，并且列出了第三梯队的人才地图企业，这一次，人力资源部门把目标放在了上下游企业，也就是 Y 公司的供应商和客户。通过这一轮人才地图项目，王杰终于筛选出几个客户公司的技术采购，他们既熟悉自己企业整个组织架构，又了解公司产品和选材的要求。这些目标公司都是一些成熟企业，而到 Y 公司这种快速成长型企业来寻求新的发展，是会担忧这些人选是否有强烈的对事业的企图心的。没有想到正因为人选大多年轻有冲劲，在成熟企业中遇到一定的职业瓶颈，非常愿意考虑这样的机会。通过这种方式，成功招聘到适合公司的项目经理。

老板对王杰的这次招聘项目工作特别满意，还没有到试用期，就把32岁的王杰从招聘经理提拔为招聘总监。

第一节 ——→
确定关键岗位

乔布斯曾说过："优秀的软件人才和一般的软件人才之间的差距可能是 50 ： 1……在我所做的任何事业上，寻求世界上最优秀的人才都是值得的。"普通人才需要 3 年才能做成，或者永远达不到目标，而卓越人才却能以惊人的速度达成目标。因此，乔布斯始终强调关键岗位上优秀人才对于企业成功的不可或缺性。企业有那么多岗位，如果每个岗位都能找到优秀人才当然更好，但现实往往并非如此。因此，企业应将优先资源集中在那些与公司战略紧密相关的关键岗位上，确保这些岗位能够吸引和留住最优秀的人才，让他们去推动公司最重要的工作。

关键的战略岗位是什么？战略又是什么呢？ GE 前 CEO 杰克·韦尔奇在他的自传《赢》中这样说："战略其实是非常直截了当的——你选准一个努力的方向，然后不顾一切地实现它罢了。"他认为，GE 的战略建立在两个认知基础之上：大众化是糟糕的，人才决定一切。所以，GE 在行业选择上努力追求"反大众化"，在产品战略上极力追求与众不同，同时通过优秀的人才完成企业战略实现。正是因为有这样的认知，韦尔奇在任的 20 年内，GE 股价上涨接近 28 倍。在 2000 年他即将离任之际，GE 以 5940 亿美元成为全球市值最高的公司，韦尔奇被认为是成功秘诀之一。而韦尔奇本人也被誉为人才战略的顶尖专家。

究竟该如何把企业战略转换为组织架构，并确定什么是影响战略的关键人才岗位呢？

案例

C 集团确定了企业战略是成为全球性 SaaS（软件即服务）对公业务的佼佼者。围绕这个战略布局海外市场，计划在未来 2~3 年内将国内业务全面推动到东南亚 8 个国家，并且实现每年业绩翻番。战略目标一旦确定，就需要根据战略进行组织架构调整。

首先确定海外市场先从东南亚突破，成立国家业务运营中心，将业务和运营团队从国内复刻到几个国家。因此，确定先在营销副总裁领导下招聘数名国家经理，在总部轮岗熟悉产品和业务，然后派遣到这些国家，组建当地团队，以发展当地业务。

确定好了组织架构以后，最终明确东南亚的国家经理是关键岗位。

落实战略的重要标志就是把战略转移到组织，并且切实转化为人才的配置，将优秀人才配置到关键岗位上。

关键岗位一定是管理岗位吗？不一定，人才战略要跟企业战略保持一致，有时候基层岗位很可能成为战略性岗位。

迪士尼为什么把优秀的清洁工看作是企业战略级人才？因为作为要给人们带来"魔法、欢乐"的乐园，迪士尼对于环境的清洁自然不必说，符合公司战略需求的清洁工不仅能打扫卫生，还能帮游客照管孩子，帮游客照相、指路，甚至为他们带来欢乐。因此，乐观、开朗、积极、健谈的清洁工就成为实现企业战略目标的关键人才。

华为在2013年因为设备业务增长速度放缓，任正非改变战略，把企业发展战略从设备导向型转向项目拉动式，提出"少将连长"作为直接面对客户的一线销售，需要经验丰富、专业并具有资源整合的能力。也就是原本在企业是金字塔最底端的基层员工，因为组织战略挑战，变成华为组织架构中核心战略的岗位。

很多企业的战略并不清晰，有些企业的战略目标是"成为行业内一流的企业"。含糊的战略表述也许会使员工缺乏清晰的使命感，即便如此，杰克·韦尔奇认为，找到一个足够宽的赛道，确定下来，不顾一切地行动也能让企业快速发展，其关键点在于关键人才布局。因此，确定关键岗位的前提是明确公司战略，确定组织架构，最终找到核心关键岗位。这一流程，是人才地图项目的第一步，如图 3-2 所示。

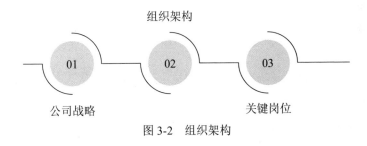

图 3-2　组织架构

第二节 ——→
清晰的人才画像

人才画像为什么对人才地图重要？怎样制定人才画像？

确定了契合企业战略的关键岗位，是不是立马就可以着手进行人才地图的调研工作了呢？如果不清楚自己需要什么样的人才，招聘到错误人才的概率就会增加。在《聘谁》中，作者曾算过招聘错误对企业的损害。聘错一个人，你将付出以下成本：招聘成本、年薪、保留人员的成本、离职金、浪费或错过的商业机会、毁坏的成本等。杰夫·斯玛特还大概计算了不同岗位的误聘成本：

- 主管的误聘成本为该岗位基本工资的 4 倍。
- 销售代表的误聘成本为该岗位基本工资的 6 倍。
- 中层经理的误聘成本为该岗位基本工资的 8 倍。
- 副总裁的误聘成本为该岗位基本工资的 15 倍。

● 高管的误聘成本为该岗位基本工资的 27 倍。

就连杰克·韦尔奇这样的顶级 CEO 都承认他在年轻时选才的正确率也只有 50%，通过经验积累和学习提升，30 年后他的正确率才提高到 80% 左右。其中，企业在招聘中会犯的最大错误就是人才画像不清晰。

什么是人才画像？顾名思义，对适合自己企业的人才的要求进行具象化描绘，在招聘时根据这张人才画像进行比对，使招聘动作不发生变形。

谷歌的研发招聘中清晰定义自己的人才画像的案例非常值得学习。在 2004 年的美国有许多蓬勃向上的大咖企业：Adobe、微软、甲骨文、雅虎、eBay 等。快速成长的谷歌为了挖这些大咖企业的人才，在 101 公路旁边打了一则广告，如图 3-3 所示。

图 3-3　谷歌广告

广告上是一道数学题：{ 在 e 的连续数字中出现的第一个 10 位质数 }.com，这题答对了后还会有一道类似的题目，连续答对两道题，就会收到谷歌实验室的一封信："我们要找的人才就是你，快加入我们团队吧！"

谷歌实验室确定研发技术人才的画像就是那些聪明且一直对解决问题充满激情的人。把这些问题用恰当的方式展现在他们上下班的必经之路，谷歌才得以成功招聘到符合企业人才画像的人选。

人才画像平衡计分卡，是一种将人才胜任力模型进行分解的科学方式，它将人才画像分为岗位使命、所需实现成果、岗位能力，以及对企业文化的适应性四个方面，使关键人才评估变得更加直观，如图 3-4 所示。

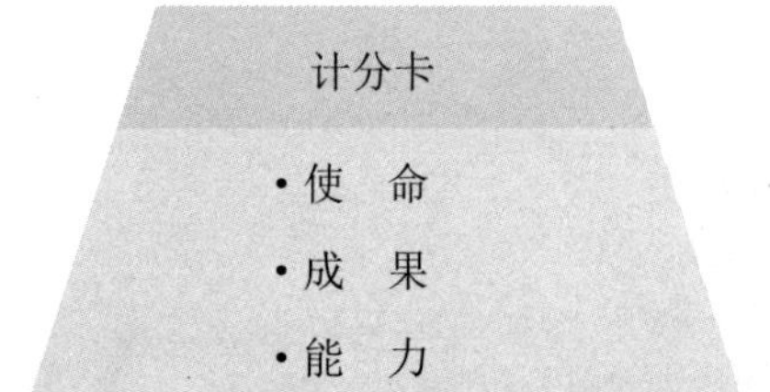

计分卡

- 使　命
- 成　果
- 能　力
- 对企业文化的适应性

图 3-4　人才画像平衡计分卡

一、岗位使命

岗位使命是每一个职位存在的核心意义，它明确了一个岗位需要达成的关键目标，并为招聘工作提供了清晰的方向。通过精确而具体的目标描述，我们能够准确地识别出那些具备潜力、能够胜任岗位的人才，从而确保招聘到的人才能够真正为企业创造价值。

前文提到的 C 集团的储备国家经理，这个职位的使命是：根据业务规划战略目标，落地运营策略，统筹协调产品、运营、销售等资源，推动业务完成区域业绩目标。

二、成果

成果，作为岗位使命的核心体现，是每位人才在特定岗位上必须达成的关键任务。在销售岗位上，成果表现为直观的业绩数字，清晰明了。然而，对于其他岗位而言，成果的界定往往更为复杂。若无法将成果量化，不仅会影响关键人才的精准招聘，更会削弱人才地图的最终成效。因此，我们必须对岗位成果进行精细化的描述，明确人才在岗位上需达成的具体、客观的业绩指标，以确保人选能够以关键的表现实现岗位所期待的卓越成果。

以下某企业渠道销售总监的绩效成果描述哪一个更确切？

a. 帮助公司完成销售目标，最终满足企业长远发展战略。

b. 负责搭建全国销售渠道、建立代理商系统。

c. 负责搭建全国销售渠道体系，建立代理商框架，并且实现 to B 销售业绩 3 年内达成 2 亿元。

很显然，a 和 b 的绩效都过于宽泛，也无法衡量，而 c 是一个精准又恰当的绩效描述。通过精准的绩效成果描述，我们可以在招聘中筛选掉那些不是关键人才的人选。

三、岗位能力

岗位能力，是在使命和成果确定后，对岗位上所需人才的核心行动能力的精准界定。这种能力的明确，能够确保使命的达成与任务的顺利实现。岗位能力常被喻为冰山下的部分，这源自美国著名心理学家麦克利兰提出的"冰山模型"（图 3-5）。该模型强调，岗位能力并非仅仅取决于人才的智力或技能，而是由一个人的先天特质与成长环境相互交织而成。

知识与技能
具备一定的专业知识和技能，擅长某些方面的产品设计和策划技巧

综合能力
冰山模型的中间要素是能力，叫作通用能力，比如学习能力、人际交往能力；知识和技能属于特定领域，而能力更多的属于通用领域

个性特征
性格特质，个人行为偏好

动机
成就动机、权利动机和亲和动机

价值观
判断事务的标准，认知社会的标准

图 3-5　冰山模型

冰山模型的出现，极大地改变了企业人力资源在考量人才时的传统视角。冰山模型引导企业更多地关注人才的胜任力模型，即那些深藏于冰山之下的深层次特质。这些特质包括个体的价值观、自我认知、动机等，它们虽难以直观察觉，但却对个体的行为表现与职业发展产生深远影响。

通过冰山模型的解析，我们更加清晰地认识到，在招聘过程中，那些深藏于冰山之下的特质往往具有相当的稳定性，难以通过简单的培训或引导来改变。因此，我们的招聘策略应更加注重对人选的筛选与匹配，而非试图去改变他们。这样做不仅有助于提高招聘的精准度与效率，更能确保企业能够吸引到那些真正符合岗位要求、具备相应胜任力的人才，从而为组织的持续发展注入强大的动力。

在寻找那个无论面对何种困难都能将信送达目的地的加

西亚时，我们不应仅仅关注其学历证书，更应深入考察其内在品质与价值观，如诚实忠诚、信守承诺、坚韧不拔等。同样，在招聘企业 CEO 这样的关键岗位时，我们对其的要求绝不能仅限于出色的执行能力，更应注重其在战略布局方面的能力与视野。

四、对企业文化的适应性

在招聘过程中，我们需要通过平衡计分卡的方式，明确列出达成岗位成果所需的 5 ～ 8 项关键能力。在清晰界定使命、成果和能力之后，我们还应进一步确定企业文化，并坚决剔除那些无法融入企业文化的人才。

在完成以上四个方面的概述后，我们需要通过平衡计分卡对人才画像进行全面评估。将上述四点内容清晰呈现后，我们还需对计分卡进行细致检测，确保其与公司经营计划高度契合。若公司内部存在同等岗位的人才，我们还应将他们的计分卡与招聘岗位的计分卡进行比对，以便更精准地把握所需人才的特点与要求。通过这些严谨的步骤，我们最终能够确定人才地图所需的人才画像计分卡内容。

阿里巴巴的"北斗七星"是一个完美的销售人才画像的案例，阿里巴巴的七颗星对应了七个能力素质，清晰地描画了适合阿里巴巴销售岗位靶心人才的画像，如图 3-6 所示。

图 3-6　阿里巴巴的北斗七星选人法

北斗七星，由三个能力层面和一个底层要求构成，由七个关键词对应七星。这七个关键词又分为四个层级。最底层是企业文化："诚信"；接下来是驱动力，包括要性、喜欢干销售、目标忠诚；再往上是个性特质："又猛又持久"和"open（指性格外向）"，最上面是"悟性"。再加上阿里巴巴销售的使命：完成销售业绩。根据清晰的人才画像，招聘非常顺利，快速搭建了一个坚固的铁军销售团队，并为阿里巴巴业务成长贡献了最坚实的力量。

第三节 ——→
锁定目标公司

人才地图，作为企业全面洞察目标人才分布的战略工具，不仅揭示了人才的地理和行业分布，更为企业提供了明晰的招聘路径和策略。通过这一地图，企业能够迅速定位并吸引符合自身战略发展的人才，从而在市场竞争中占据先机。同时，它也为企业提供了深入的行业趋势分析，助力企业根据人才流动和分布调整或优化自身的战略布局。

在这个背景下，如何精准锁定目标公司成为关键所在。

一、第一梯队：直接竞争企业

直接竞争企业，通常是指那些在产品、客户群、企业规模等方面与自身高度相似的企业。例如，麦当劳与肯德基、百事可乐与可口可乐、海尔与美的和格力等，都是各自领域内的直接竞争对手。

然而，对于许多企业来说，直接竞争对手的识别并非易事，尤其是当企业对所在市场和产品了解有限时。当你对所在企业的市场和产品比较陌生的时候，要在短时间内收集资料并进行整理分析，就会是一个挑战。比如一个做六轴工业机器人的企业，要列出来直接竞争企业，就需要使用一些方法，才能更加精准。

为了精准锁定这些直接竞争企业，我们可以采取以下策略：

一是请教企业内部的销售和研发团队。

销售同事因为在接触客户时会比较各种产品性能，自然知道市场上竞争企业有哪些。而研发的同事早在参与研发的阶段，就已经根据市场现有产品的情况进行过研究，清晰地知道自身产品的定位，才会推动产品上市。因此，他们自然对产品对标的企业有了解。HR通过请教这些行内专家，可以快捷地列出直接竞争对手，得到一手信息。

二是查看现有和过往员工的履历，看他们过往从业企业，以及未来可能去的企业。

一个人若要换工作，往往会选择同一个行业，且有延续和连贯性，尤其是中高层职员。比如阿里巴巴的程序员，大概率会考虑字节跳动的职业机会。而字节跳动的产品经理，也许会把腾讯列为下一个职业发展目标。至于那些在好几个一线大厂都做过的人，接下来可能会考虑创业型互联网企业。

通过了解企业员工的前东家，以及离职员工现在进入的企业，也可以比较快速地列出竞争对手行业。

三是通过网络进行信息搜索。

通过一些行业网站或者行业排名表能非常直观地快速了解直接竞争企业名单。比如要了解中国芯片的企业，可以直接在浏览器上搜索"中国芯片50强"，如果产品很明确，则可以直接搜索类似"中国 Wi-Fi 芯片50强"。

除了利用好信息搜索，通过行业榜单也可以获得一些直接行业企业名单。

二、第二梯队：间接竞争对手

很多情况下，挖猎直接竞争对手的同等岗位人才难度较大，甚至需要付出极大的代价。比方说宝洁的产品经理，不一定愿意到联合利华去做产品经理。在这种情况下，企业的人才来源可能是第二梯队的竞争对手企业。这些企业的产品、客户、营销方式等都存在较大的差异，但有一定的交集，并且可以作为一个重点的人才池进行关注，因此有必要列入人才地图名单。

列出直接竞争对手企业名单相对容易一些，对比而言，要精确列出第二梯队的竞争对手企业名单难度更大。因为这涉及对业务和行业的理解。只有充分理解企业的业务情况，并且对自身产品有一定的认知，才能顺利列出能为自己所用的间接竞争对手名单。

同时要注意的是，不同的职位可能会因为要求的不同，所列出的企业名单略有差异。一家国产化妆品牌需要列目标公司，可能首选宝洁、欧莱雅、雅诗兰黛，第二梯队的竞争对手同样是快速消费品行业，比方说雕牌。有时候不同企业，即使产品类似，销售渠道也可能略有差异，比方说酒水行业的百事可乐，也可以是通过直销的安利公司。如果找的是产品研发类岗位，那么安利是合适的目标公司；如果找的是渠道销售，那么百事可乐的人才更加匹配。

三、第三梯队：上下游企业

除了直接和间接竞争对手外，客户企业和供应商企业也是我们可以考虑的人才来源。这些企业的人才往往对我们的产品或服务有深入的了解，能够更快地融入新的工作环境。客户企业或者自己的供应商企业的人才，进入企业工作，这样的成功案例并不少见。

比如企业方就比较愿意从自己合作得比较好的猎头公司挖猎顾问来担任招聘经理管理猎头渠道，这些新上任的招聘经理因为熟悉猎头公司所有的流程和方式，会使中高端人才招聘项目开展得更顺畅。有时候，也可以把上下游的企业列入人才地图项目的目标清单。

要列出这类企业，我们可以采用与前述相似的方法，如请教同事、查看招聘网站、进行信息搜索等。此外，在面试过程中有意识地向候选人请教，也是一个获取信息的有效途径。总之，只要我们养成收集信息的习惯，并善于将各种信息拼凑成一个完整的人才地图，便能够为企业的发展提供源源不断的人才支持。

第四节 ——→
渠道调研

前面已经列出目标公司，接下来需要做实质性的资料收集和调研工作，如图 3-7 所示。

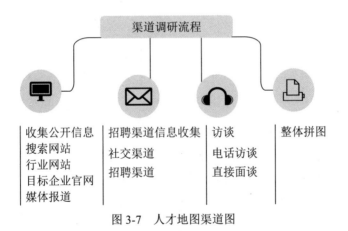

图 3-7　人才地图渠道图

1. 收集公开信息

第一类是搜索引擎，包括 Google（谷歌）、百度和必应等。不同的搜索引擎搜出来的结果可能会有差异，可以交叉搜索，进行信息对比。如果是上市公司，要特别留意公开的年度财报，留意看一些股东变化的信息。科技型企业有不少都全员持股，核心的岗位人才都持有原始股，而这些人才名单和担任的岗位都可以在年报上看到。

第二类是行业网站，有些行业信息网站会对行业内公司信息进行收集和整理，因此行业内重要企业的高层任命或者变动都会看得到。

第三类是目标企业官网。有些大的集团公司会对公司的组织架构进行公开分享，特别是国资或者政府背景的企业。除了官网，我们还应留意企业的公众号、微博，有些零售品牌或者电商公司，我们甚至还要关注其抖音账号。

第四类是一些公开的媒体报道，比如某市场总监可能会接受媒体的采访，能够直接找到他的姓名和职位名称。

收集完网上的公开信息后，会有个大概框架，接下来应该更加严密地进行深入调研。

2. 招聘社交渠道

比如通过领英、脉脉这类网站，我们可以看到目标公司的关键岗位人选。除了社交网站，还有一个比较重要的渠道是各大招聘平台，如猎聘、BOSS直聘、前程无忧、智联招聘等，通过搜索找到目标人选简历。有些企业还会有自己的人才数据库，应该对数据库进行梳理，筛选出人才地图需要的信息，列出人选名单。

3. 访谈

第一步先进行目标公司已加入本企业的员工调研。通过他们去了解其前东家的组织架构信息。接下来，对于从各个渠道获取的人选清单进行电话访谈或者直接面谈。访谈前要做一个大致的问题清单，核心问题如下：

- 人选目前具体的职位名称。
- 人选汇报对象。
- 人选所在部门。
- 人选平级职位名称。
- 人选下属具体分工。
- 人选公司的情况。

以下是大概的访谈内容。

调研员："您好，我是 A 公司的招聘经理，我们现在有一个销售负责人的岗位在招聘。我知道您在 B 公司担任大客户经理，想了解一下您的情况，不知道是否方便？"

人选："方便，但我目前没有准备跳槽的计划。"

调研员："没问题，您大概什么时候可能考虑机会呢？"

人选："明年吧。"

调研员："我们保持联系，看看未来会不会有机会。"

人选："好的。"

调研员："那么您有时间吗？想向您了解一些信息。"

人选："可以。"

调研员："看到您在招聘网站上的职位是大客户经理，请问您具体是负责哪个客户的？"

人选："我目前在公司主要负责苹果这个客户。"

调研员："好的，那么直接汇报对象是什么岗位呢？"

人选："我直接向公司大客户部门总监汇报。"

调研员："整个大客户部门有多少大客户经理呢？你们应该不会只有苹果这一个大客户吧？"

人选："目前大客户部门有十几个人，分别有 3~4 个大客户，每个小组负责一个大客户，我就是负责苹果这个客户的其中一个大客户经理。"

调研员："请问苹果这个客户是由几个客户经理一起负责的吗？你们之间是怎么划分职责的呢？"

人选："我们一共 5 个人，因为这是我们公司最重要的客户，占公司业绩超过 50%。我们 5 个人分别负责不同的产品线。我主要负责 iPad，也有人负责 iPhone 和 iPod 等。"

调研员："明白了。另外的几个小组,他们都负责什么客户呢?"

人选："另外的小组主要负责 OPPO、vivo 和华为。因为华为是刚刚开始做的客户,所以只是一个人负责,并没有专门的小组。"

调研员："清楚了。请问您现在是一个管理职位吗?"

人选："我目前是会带领一个人的,不过这个下属并不是销售,而是助理。助理主要是帮我们处理一些流程跟进的问题,比如对接、跟单,只有当他们有一定经验,并且有兴趣往销售方向发展,才会提拔为客户经理。"

调研员："您刚刚提到大客户部有十几位同事,是否包含这些助理呢?"

人选："不包含。助理虽然是为大客户服务,但是他们隶属于销售运营部,是向销售运营部的经理汇报。"

调研员："非常感谢您的信息。我们保持联系,看看明年是否有机会,我们到时再联系。"

4. 整体拼图

基于以上信息,我们可以画出 B 公司大客户部门的组织架构图,如图 3-8 所示。

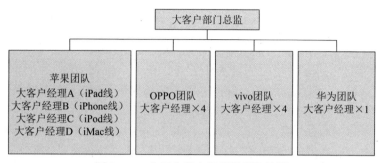

图 3-8   B 公司大客户经理组织架构图

⸜ 案例

张锋加入某 ERP 企业后担任人力资源总监一职，老板向他抱怨客户觉得公司 UI（用户界面设计）部门不够专业，因此导致一部分客户流失。希望他优化 UI 部门的人才结构，提升客户对用户界面的满意度。张锋认真与公司的 UI、产品和研发部门沟通之后发现，UI 部门居然隶属于研发部门，而研发部门对于用户界面的审美完全不在意，这让 UI 同事大为不满，优秀设计师纷纷离职。

了解到症结在于组织架构设置，同时也想了解同行业优秀企业的人才市场情况，他需要对行业内的一线企业做一个人才地图项目，绘制出行业的 UI 部门组织架构图。通过以上资料的收集，才能有理有据地建议老板对成立多年的企业做组织架构调整。

他找招聘经理开了个短会，列出目标公司的名单。他让招聘经理对公司内部人才情况进行了了解，对公司内部从这些目标企业出来的员工进行访谈，了解他们知道的前东家的组织架构情况。通过这一步形成了一个粗略的组织架构图。

同时，张锋让新来的招聘主管收集目标企业公开的人才招聘信息。渠道包括各大搜索渠道、行业网站、企业官网等。

在完成上述两步后，3个人分工，把社交和招聘渠道上的目标企业的 UI 人选简历都下载下来，进行访谈。同时，把 UI 设计师的岗位委托给了猎头公司，请他们重点突破自己无法在招聘平台渠道上找到的人选。然后，对这些人选进行邀约和访谈，电话面试或者直接面试。

张锋还让招聘经理去社交招聘网站上购买对应企业的组织架构产品。这个产品是基于大数据生成的人才分布图，非常简略，不够全面，但恰好可以对上述的信息做一个补充。

三周后，张锋得到了一个全面的人才地图。他把人才地图打印出来，向老板讲述了其他行业标杆企业的 UI 团队的组织设置。在确凿的数据面前，老板恍然大悟，同意把 UI 部门打散，放在不同的产品部门，让他们直接向产品总监汇报。因为产品负责人的目的是满足客户的需求，会在意用户界面

的反馈，UI 团队可以直接获得来自客户的反馈，工作效率和
积极性都有了极大的提高。当然，之前通过各种渠道找到并
且面试了一些竞争对手的 UI 人选，因为早已通过人才地图了
解了市场真实的标准，公司成功聘用到了各个方面都非常优
秀的 UI 人才。

第四章
信息补缺与人才地图洞察报告

　　将我所有的工厂、设备、市场、资金全夺去，但只要保留我的组织、人员，四年以后，我仍将是一个钢铁大王。

　　　　　　——美国钢铁大王卡内基

第一节 ——→
通过陌生拜访电话完善人才地图

通过第三章的信息整理，我们虽然可以通过公开资料收集初步构建人才地图的框架，但要想获取精准且深入的信息，陌生拜访是不可或缺的关键环节。

经常有做销售的朋友觉得猎头的工作很奇怪，在他们看来，招聘应该是一个很简单、技术含量很低的工作，只要通过熟人吃饭、聊天，就可以拿到很多推荐，招聘成功水到渠成，并且效率更高。为什么还要那么费事，需要陌生拜访和打那么多个电话？他们并不知道陌生拜访电话正是商业领域销售的必杀技，不但精准，而且最有效率。通过人脉推荐的方式，虽然看起来直接，但首先并不是每个人都愿意推荐，其次每个人的人脉有限，最最重要的是，维系关系需要花费大量的时间和精力。

在麦肯锡工作过多年的赤羽雄二提到陌生拜访是这样说

的：“向不认识的人进行电话访谈，英文称之为 cold-calling，学会这项工作后，生产力将急遽提升。只要好好地告诉对方你在正当的公司工作或在大学、研究所进修，涉及有保密义务的内容完全不用说出来，现在所问到的内容只用于内部讨论等，大部分人都会做出配合。”

在现在这个凡事讲求效率的社会，真正能够静下心认真做行业人才地图的招聘越来越少，正如快餐虽然营养不够，但简单便捷，人们反而觉得准备一顿大餐太费事。但慢慢来才能快，一旦能够认认真真把所在行业的信息通过陌生拜访对人才信息进行深度挖掘和多方印证，就能获得更为深层次的认知和洞察。就跟记者工作一样，普通人也可以去采访热点事件的人物，但写出来的报道会雷同。而一个优秀记者花费大量时间和精力进行全方位深入独家报道写出来的新闻，对读者而言，价值是不可相提并论的。但要获得独家的信息和资料，除了人脉，更重要的是掌握过硬的陌生拜访技巧。

对于企业方而言，实施陌生拜访可能会受到一定的限制，其主要是考虑到雇主品牌的影响。然而，通过一些合理的方法策略，我们不仅可以顺利进行陌生拜访，还能确保公司的形象不受损害。

一、陌生拜访的准备

1. 目的

在做陌生拜访之前，我们要明确最终要达成的目的。一般而言，陌生拜访的最终目的是通过向潜在人选做清晰的职位发展的介绍，激发目标人选的兴趣和行动，例如得到候选人简历或者获得他更多的人才推荐。再通过详细沟通，达到收集人才地图信息的目的。

2. 有备无患，在陌生拜访前需要提前了解的信息

陌生拜访必须非常小心地规划和安排，因为我们往往不会一步达成，而是需要几个步骤，如果规划不得当，会导致前功尽弃，或者尺度没有把握得当，可能会传达错误的信息。在打陌生拜访电话之前，我们需要做以下信息了解：

第一，行业信息调研。这通电话人选所在企业在行业内大概属于什么状况？最近有没有比较重要的新闻，如收购兼并或者高层人员变动？

第二，这家企业的主要产品和服务是什么？他们近期的发展状况如何？

第三，目标岗位可能的职位名称有哪些？这个岗位的工

作职责可能是哪些？人选可能的直接上司是什么岗位？他可能会有下属吗？如果有，他们的主要职能是什么？

二、陌生拜访的方式

陌生拜访电话对象往往是我们很清晰地确定要找到某家企业某个职位的人选，但是公开渠道却无法找到直接信息，因此需要打这家公司的总机，使用各种理由，通过前台迂回联系到这个人选。我们的理由会依据此人选任职工作跟外界接触的内容来开展。比如销售，我们会以客户为理由要求转接，而设计部门会自诩是第三方设计公司，以此类推。

目标人选和理由往往来自各部门与外界联系的点，常用的如下：

● 销售 / 市场：客户。

● 财务：财税部门。

● 采购：供应商。

● IT：网站供应商。

● 其他：快递公司客服、内部员工、行业协会、俱乐部、同行、培训机构。

即使很容易找到一个点进行第一通陌生拜访电话，但依旧会遇到各种困难。通常遇到的困难如下：

- 没有目标岗位人选全名，前台非要实名转。
- 越高职位的候选人越难要到联系方式。
- 联系多个在同一家公司的人，引起猜疑。

解决方案如下：

- 尽量不要向前台透露太多信息，而是通过他们转到相关部门。需要先通过各种途径要到一个目前在职人选的名字和职位名称，突破前台，转到相关部门。
- 每个电话都要有明确的目的。在没有确定对方是我们的目标人选的时候，不要暴露公司的信息，要让每一通电话都听起来合情合理。
- 任何时候都要积极、礼貌、耐心和专业，选择最佳时机沟通，做好时间管理，期待意想不到的收获。
- 最重要的是自信、有创造性并且能坚持到底。

陌生拜访电话是一个充满挑战和意外的旅程，无论你扮演的角色是什么，都要充满自信。每一通电话都会有很多需要应变的地方，创造性是必不可少的素质。有时候，会被人质疑你的角色，那个时候坚持非常重要。如果失败了，没关系，挂断电话从头再来。

三、陌生拜访的原则

陌生拜访的原则是锲而不舍和灵活应变，陌生拜访电话最终要拿到的信息包括全名、职位、联系方式、组织架构信息（汇报对象、平级和下属），如表4-1所示。

表4-1　陌生拜访的原则

目的	行动	要点
人才地图：手机号码、姓名、职位、联系方式、最佳联系时间、跟进	找到合适的角色	让你自己代入职位设想，跟什么岗位需要有公务电话沟通的需求
	跟前台或者助理沟通	从一个角色切入
		获得需要的信息就挂断电话
		选择合适的时机
第一次跟潜在人选沟通	激发人选跟你沟通的兴趣：准备一个10秒钟的个人简介和公司介绍	确认人选的资历、过往的经验、教育背景和薪酬信息，评估他们目前的工作状态
	建立连接：找到合理的理由并主导沟通	让他们说，你负责倾听
	美好的结束：约定后续加微信后，或者再一次电话沟通	加微信维持关系

案例

智能终端TT公司招聘专员张雅被HRD拉去开了个业务会议，公司计划对销售团队进行薪酬绩效改革，要求人力资源部门尽快了解行业内头部企业 C 的薪酬绩效考核的方式，以及他们一线销售团队的大概薪酬架构。还有一种改革方法，就是为 TT 公司营销副总招聘到一名营销 HRBP，要求直接从 C 公司挖猎，由这个 HRBP 协助营销副总进行公司薪酬绩效制度的制定。

会后张雅跟 HRD 单独沟通，鉴于人力资源部门被要求 1 个月内完成项目交接，张雅需要分别就营销副总的两个方案单独列出项目实施方案。由于公司没有预算，无法去找第三方人力资源公司做薪酬调研报告，张雅需要自己独立来完成。HRD 表示一定会支持张雅，让她暂时放下其他工作，专门处理营销部门薪酬专项的调研和招聘工作。张雅回去做出了戴明环时间表，列出了计划、执行、检查和处理的四个阶段和八个步骤。

先是通过公司内部人才库和招聘网站，把所有 C 公司的销售和 HRBP 的简历标注起来，准备同时进行薪酬调研和招聘，在电话和面谈中，尽可能了解薪酬设计的机制和大体级别的薪酬状况。同时，联系潜在 HR 人选，确定他们的兴趣度。

两周后，张雅对薪酬信息有了一定的了解，但是对薪酬机制设计的原理没有清晰的了解。同时，张雅又对简历库的人选进行了筛选，将 3 个确定了有兴趣的 HRBP 人选发送给了用人部门供进一步面试，面试反馈是级别不够高，无法帮助公司进行营销体系的薪酬绩效设计。张雅决定通过陌生拜访电话寻找新的候选人。

通过这种方式，张雅用几天时间成功拿到了C公司的很多不同地区的HRBP的联系方式，又成功找到了几名有兴趣接触TT公司集团营销薪酬改革项目的内部HR岗位的人选。最终TT公司成功录用了1名人选，而张雅也在整理完整个项目内容之后，成功交出了一份薪酬报告。

第二节 ⟶
人才地图 KOL 的运营

一、什么是人才地图 KOL

在社交媒体占据主导地位的时代背景下，社交招聘逐渐成为行业主流。为了构建和完善人才地图，关键角色的参与变得至关重要。我们将这些为人才地图构建提供关键信息的人称为"人才地图 KOL"。他们可能来自多个领域，包括但不限于：

- 从目标企业跳槽到本企业的员工。

- 相关企业的应聘者。

- 本企业的高管和业务部门人员。

- 曾经面试过或者联系过的高绩效或者高潜人选。

- 参加行业沙龙、论坛认识的关键人选。

二、如何运营人才地图 KOL

对于招聘从业者而言，与每一位联系过的人选建立并维护良好的关系至关重要。记录沟通细节、持续跟进，并最大化利用这些信息，是提升招聘效果的关键。特别是对于可能成为人才地图 KOL 的人选，建立微信等社交媒体联系并进行有效标注是非常必要的。比如"王××-阿里巴巴天猫运营总监 P8-19×× 年"，备注好跟他沟通过的详细信息，如"2025 年考虑机会，希望去大平台，期望工作地点一线城市"等。

每隔半年或一年，就要了解人才地图 KOL 的级别是否发生变化，重点关注副总裁、总经理、总监、经理和骨干等层级。

与此同时，尽可能多地结识某个组织的负责人或者骨干，与他们交流时要详细了解他们的职业成长路径，了解他们在每次转换职位或角色时的决策依据。这样可以帮助我们更好地理解高级别人才职业成长的思路，也能加快自己的成长。

此外，关注同一级别或稍低级别但有潜力的人选也是明智之举。他们可能会成长为未来的 KOL，与你共同进步，成为事业上的得力伙伴。例如，你在入职初期结识的某 500 强财务分析师，十年后可能已晋升为 CFO（首席财务官），这样的长期关系将更具深度和互助性。

招聘经理或者猎头都要具备成长意识，并有意识地结交、挖掘有潜力的朋友，不仅能在人才地图项目上帮助你，未来还可能成为你事业上的伙伴。

三、赋能人才地图 KOL

作为 HR 或者猎头，如果你对行业情况非常了解，同时具备一定的职业规划能力，拥有更全面的市场人才信息，而你的 KOL 们在各自领域非常专业，并且有相应的人脉资源，你们的互助就可以持续下去。当他们需要的时候，你可以给他们提供全面又高质量的市场人才信息，比如不同企业的差异及未来职业规划的选项优劣。你站在人力资源专家的角度可以提供更为充分的信息帮助他们做出更优的职业决策，包括但不限于面试技巧培训，有些职位选择利弊的分析，甚至能够让这些 KOL 获得更好的职业成长。

赋能 KOL 不仅仅是信息分享，更重要的是陪伴他们成长。通过持续的关注和支持，共同实现职业上的飞跃和发展。

第三节 ——→
人才地图项目进度管理

　　提到项目管理，大家都会想到 PDCA 循环，也称戴明环。这个循环主要包括四个阶段：计划（Plan）、执行（Do）、检查（Check）和处理（Action），以及八个步骤。八个步骤是四个阶段的具体化，如图 4-1 所示。

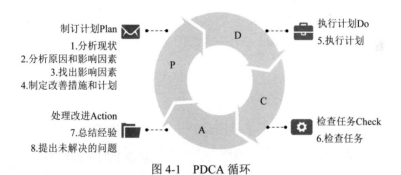

图 4-1　PDCA 循环

一、计划

计划是人才地图项目进度管理的第一阶段。通过计划确定人才地图项目的方针、目标，以及实现该方针和目标的行动计划和措施。

计划阶段包括以下四个步骤：

第一步，深入分析当前的人才状况，揭露存在的问题。究竟是重要岗位无人担任，需要外聘但不知道去哪里找，还是组织绩效难以提升，需要了解竞争对手组织架构设置？明确问题，才能引发后续的计划。

第二步，针对揭示出的人才问题，深入剖析其产生的原因和主要影响因素。

例如，品牌 S 公司老板想要解决招聘不到销售总监的问题，委托总经办协同人力资源部门来制订计划。经过分析发现有三个原因：一是老板对于销售总监的要求经常有变化，导致人力资源招聘执行存在难度，给他的人，他看不上；二是老板也知道市面上优秀的人是什么样的，但是对整体人才市场不够了解，当他主动找这些人谈的时候，最后又没有给出足够的吸引条件让他们加入；三是老板把人力资源当作招聘救火队员，一旦一段时间招聘不到核心岗位，就更换人力资源总监，以至于负责招聘的同事一直在变，最后没有一个

HR 对于事情的来龙去脉有充分的了解，因此无法给出有延续性的解决方案。

第三步，从众多因素中提炼出最主要的影响因素。S 公司一年时间内都没有招到销售总监岗位，明确了上述的几个原因后再进行分析，发现最主要的影响因素在于公司对销售总监级别的人才市场没有足够的了解，以至于无法确定适合自身企业的人才画像。

第四步，根据前面的分析，制定改善措施和行动计划，并预计实施效果。这一步，我们要反复考虑并明确回答以下问题：

- 为什么要制定这些措施（Why）？
- 制定这些措施要达到什么目的（What）？
- 这些措施在何处，即哪个工序、哪个环节或在哪个部门执行（Where）？
- 什么时候执行（When）？
- 由谁负责执行（Who）？
- 用什么方法完成（How）？

以上六个问题，归纳起来就是原因、目的、地点、时间、执行人和方法，亦称 5W1H。

S 公司根据问题所在，制定了以下改进措施和行动计划：

- Why：目标是要充分了解行业人才市场情况，包括销售总监人选的大体状况，目标公司销售团队组织架构、薪酬状况。

- What：目的是快速招聘到岗销售总监。
- Where：人才地图应该由公司高管来决策，人力资源部门来执行。列出目标公司，找出相关行业人才，进行调研，最终整理信息，形成人才地图。
- When：列出时间表，计划两周内完成人才地图，并在1个月内完成招聘任务。
- Who：由人力资源总监负责，主要交给招聘经理执行。
- How：方法包括人力资源部完成大部分的人选资料收集和沟通，再把难以触及的部分交由猎头来推动完成。

二、执行

在执行阶段，我们严格遵循既定的时间表，并持续进行核对以确保各项任务按计划推进。

执行一个计划，可能有100种方法，但是最终能够达成目标的最优方法也许需要通过执行才能验证。因此，我们这里可以尝试用软银集团创始人孙正义的"6∶3∶1法则"，也就是把资源、劳动力或预算的6成，投入目前最好的方案中；3 成投入第二好的方案中；1 成投入全新的方案中。

在人才地图项目中，若遇到联系关键人才的阻力，我们可以制订几种方案，确定几个不同方案来执行，并且合理分配自己在这个过程中的时间精力和资源，以求效率最大化。

三、检查

检查部分我们遵循"4C 管理"原则，即 Check（检查）、Communicate（沟通）、Clean（清理）、Control（控制）。

由于人才地图是团队项目，我们根据时间表定期检查进度，并确保各部门间的有效沟通，这包括与猎头供应商等重要合作伙伴的交流。根据沟通结果，我们及时调整时间表，清理不必要的任务，并始终围绕项目目标进行整体控制。

四、处理 / 复盘

处理 / 复盘包括两个部分：总结经验和提出未解决的问题。人才地图是一个需要不断更新的项目，我们通过复盘审查过程中的疏漏，并持续更新信息，确保其真实有效，从而推动人才战略快速有效落实。

总结经验：对检查出来的各种问题进行处理，对正确的加以肯定，总结成文，制定流程标准。

提出新的问题：提出尚未解决的问题，通过检查，对效果还不显著或者效果还不符合要求的一些措施，以及没有得到解决的人才地图质量问题，不要回避，应本着实事求是的原则，把其列为遗留问题，反映到下一个人才地图循环。

处理阶段是 PDCA 循环的关键。因为处理阶段是解决存在的问题、总结经验教训的关键环节。该阶段的重点在于修订标准，包括技术标准和管理制度。没有标准化和制度化，就不可能使 PDCA 循环转动向前。

很多时候，人力资源部门工作很多，使用 PDCA 循环工具可以使人才地图项目保持井然有序，最终成为一个常规的日常工作。

第四节 ──→
人才地图报告撰写

人才地图报告一般包含三份资料：人才数据列表及分析报告、组织架构图和人才市场分析报告。

一、人才数据列表及分析报告

人才数据列表一般以表格形式出现，包括就某一个人才地图任务联系了多少个人选，每个人选的联系方式、基本信息、工作经验、薪酬状况和对机会的兴趣度。最后根据人才地图设定的目标，对信息收集和调研工作做出有针对性的分析报告。

人才数据列表（见表4-2）主要包括联系了多少人选，每个人选具体的职位是什么，具体的工作范围和权责范围，大概的薪酬情况和求职意向度。

表 4-2　某生物企业区域市场岗位人才地图

公司名称	岗位	名字	备注
A 医疗	区域经理	马×	2019 年毕业后一直在这家公司，几个月前离职，觉得国内公司太卷了，想去外企
	区域销售	张××	2018 年到这家公司，今年 1 月份离职，入职了新公司，负责原来的区域，不想看异地岗位
	区域市场经理	王××	2018 年至今，负责上海区域市场，看上海，感觉职位不匹配
	市场产品经理	黎××	2019 年至今，负责重庆区域市场，不看异地岗位
	市场推广	李×	在 A 负责市场推广专家管理，入职了新公司，岗位不匹配
	医学市场专员	张××	2019 年开始在 A，很稳定，不看新机会
	医疗器械主管	万××	2018 年到 A 至今，销售背景，不考虑
	省区经理	张××	2016 年进 A，销售背景，不考虑
	区域经理	何×	负责南京区域，不看异地岗位
B 生物	化学发光应用产品经理	孔×	2018 年进入 B，还比较稳定，不看机会
	产品经理	王××	2016 年加入，看海南，不考虑异地
	医疗器械产品经理	徐×	2016 年加入，去年离职，看武汉，只看市场岗
	产品经理	薛××	2020 年，读博了，暂时不看机会
	市场推广	张××	4 年多，刚离职去了外资做区域技术推广，想继续看外企
	产品经理组	刘××	负责省区，不希望考虑普通产品岗位

　　仅仅有人才数据列表是不够的，还需要人才市场分析报告来补充说明，人才地图的目标是什么，是否通过人才地图达成。

　　人才市场分析报告（表4-3）是人才地图的输出成果，它会根据最初设计的目标进行市场分析，以指导后续的实际行动。分析的结果是提供行动方案：如何进行有效的招聘、培养、激励、留用、优化等人才管理活动，以及如何与竞争对手进行人才竞争和合作。

表4-3　人才市场分析报告

竞争对手	目标岗位	人员素质	通讯录	薪酬情况	工作强度	稳定性	挖掘记录	备注
××公司	所有岗位	好	已有	基本持平	一般	一般	已挖3人	资深技术人员较难挖掘
××公司	所有岗位	好	已有	基本持平	一般	很好	已挖0人，寻求突破	企业文化宣贯做得很好，员工稳定性很强，挖掘难度非常大
××公司	工程、营销	较好	已有	远高于我司，但年终奖需要压40%至项目结算	极高	很差	已挖5人	工作强度大，企业文化差，员工流失率很高，但我司待遇缺乏吸引力
××公司	工程、成本	良莠不齐	已有	比我司略高，月固定薪酬很高，年终奖很低	较高	差	已挖8人	军事化管理，对员工较苛刻，员工流动率较高，但员工素质良莠不齐，需要仔细挑选
……								

二、组织架构图的绘制

企业组织架构图是人才报告的基础底层框架，它是以框架图示的形式展示了公司、部门结构。通过组织架构图可让组织内的各种关系一目了然，图 4-2 是一个常见的组织架构图。

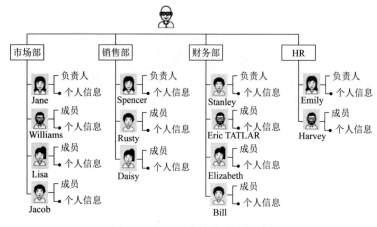

图 4-2　XMind 组织架构图示例

制作上面的图，很多人首先想到可以徒手画图，需要自行添加文本框、插入形状、添加直线，最后再进行调整美化、组合也是可以做到的。如果需要更改或者进一步细化，就需要一一拆分，重新调整，费时费力。绘制组织架构图有不少付费工具，比如 Visio、Axure，如果仅仅是制作简单的图，免费的工具已经够用了。

如果通过软件来画图，XMind 是一款值得推荐的软件。它本身是老牌思维导图制作软件，也一直深耕思维导图这一领域，界面很简单，适合新手。由于 XMind 自带多种已经配好颜色的思维导图模板，所以 XMind 画出的导图漂亮、专业。另外，XMind 还有个 ZEN 模式，简单来说，就是一个全屏编辑的功能，可以最大化地利用画布空间。通过本身自带的图形稍做修改，就可以得到组织架构图了。

即使最终要通过 PPT 呈现导图，也可以在制作 PPT 之前先花几分钟用 XMind 列一个提纲，快速厘清思路，可以减少后期不必要的修改。XMind 文件还可以导出为 PNG、SVG、DOCX/DOC 等格式，直接应用于 Office 软件，非常方便。

如果还是喜欢用常用办公软件，无论用微软的 Word 或者 PPT，还是国内办公软件 WPS，都可以搞定基础的组织架构图。在 Word 里有个工具叫 SmartArt，可以利用它快速制作出完整的组织架构图：

第一步，根据图的需要，可在【布局】—【页面设置】组中单击"纸张方向"按钮，然后选择所需要的纸张方向，如横向。

第二步，在 Word 文档中按层级输入各个部门的组织名称，然后按【Ctrl+A】键全选文字，按【Ctrl+C】键复制或按【Ctrl+X】键剪切文本。

第三步，将光标定位到要插入SmartArt的位置，单击【插入】—【插图】组的"SmartArt"按钮，打开"选择SmartArt图形"对话框，在对话框的左侧列表中选择"层次结构"，在中间列表中选择"组织结构图"，单击"确定"按钮，文档中将生成一个默认的组织架构图形。

第四步，单击【设计】—【文本图形】—【文本窗格】按钮，调出文本窗格，然后按【Ctrl+A】组合键全选文本窗格内容后按【Delete】删除默认框架内容，再把之前复制或剪切的文本内容粘贴到弹出的文字框内，即生成一个组织架构图。

第五步，要添加下级岗位，如"总裁"下的"秘书"，先选中"总裁"，然后选择【添加形状】—【在下方添加形状】，并输入"秘书"。

第六步，将新添加一个空白文本框，在其中输入"秘书"文本。

第七步，如果觉得当前架构图布局不好看，我们可以调整其布局方式。这里调整各部门下岗位的布局方式，可先选择部门文本框，单击【设计】—【创建图形】—【布局】按钮，在弹出的菜单中选择布局方式，这里选择"标准"。

第八步，使用第七步方法依次调整各部门布局。

第九步，选择组织架构图，单击【设计】—【SmartArt

样式】组中的"更改颜色"按钮，在弹出的列表中可以更改
架构图颜色，如图 4-3 所示。

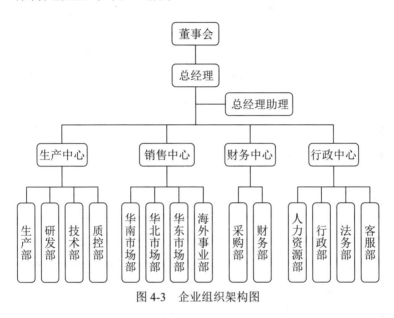

图 4-3　企业组织架构图

第十步，我们还可以按住【Ctrl】键同时选中多个岗位。
这里选择部门下方的所有岗位，单击鼠标右键，在弹出的菜
单中选择"设置形状格式"。

第十一步，在打开的任务窗格中可设置"文字方向"，
设置文字方向为"竖排"，然后调整文本框宽度和高度以适
应竖排文本。

组织架构图的逻辑框架可以通过思维导图工具来构建，
常用的有 XMind、石墨文档和印象笔记，WPS 也推出了思维

导图工具——智能图形。

如果你嫌智能图形麻烦，WPS 的稻壳里有很多组织架构图模板，而且很多是免费的。可以根据自己的需要找到一个相近的模板，然后稍做变化就可以直接用，简单好用。

画好了简单的组织架构图，需要在此基础上做以下六点必要信息的补充：

- 目标公司核心业务部门的职责与定位。
- 目标公司中对业务产生决定性影响的人员、核心人才和高潜人才。
- 目标公司具有特色的工作流程及规范、专业术语（行话）等。
- 目标公司及其事业部的发展战略。
- 目标公司关键人物之间的显性、隐性关系。显性关系包括业务配合方式、已知的矛盾冲突等；隐性关系包括裙带关系、内部派系等。
- 对业务部门的建议、意见，以及人才地图项目对业务可能带来的价值。

三、人才地图检查标准

在对人才地图进行复核时，我们通常从三个关键维度来评估其质量：准确性、全面性和时效性。

准确性：为了确保信息的准确无误，我们会进行反复核实和严格取证，从而避免任何潜在的误差或偏差。

全面性：为了构建一个完整且详尽的人才地图，我们会广泛收集候选人的各类信息，力求掌握全局，不遗漏任何重要细节。

时效性：人才市场的动态变化要求我们必须保持高度的敏锐和响应速度。因此，我们会定期跟踪并及时更新相关信息，确保人才地图始终与最新市场趋势保持同步。

案例

某智能硬件公司的人才地图洞察报告

舒静刚加入路鲸科技的第一周就被总监叫到办公室，总监让她整理公司前不久完成的人才地图洞察报告，说这是公司最近最重要的任务，然后就把资料发给了她。

舒静看了看总监发过来的资料，一筹莫展，不知道怎样才能形成对公司有用的人才地图洞察报告。于是，舒静找总监确认最终希望呈现的方式，总监希望她用自己觉得最好的方法，只要最终展现出的报告能对公司未来的战略人才部署提供解决方案就可以了。

舒静有点茫然，从什么地方下手呢？她先花了两天时间把所有资料都看了一遍，发现大部分人选都来自一家叫可比科技的公司。可比是智能行业内的龙头企业，这几年发展很快，正在做IPO，去挖这家公司的人选非常适合公司目前的状态，毕竟目前公司属于中型规模的企业。她还发现部分简历备注了评价内容，可是人选之间的关系却不得而知。舒静又去把公司目前招聘的岗位做了一个梳理，发现主要集中在研发岗位，跟人才地图项目简历库里的人选相符。舒静觉得应该就是需要做出可比公司研发岗位的组织架构图，然后为企业高层下一步的人才布局提供信息支持。

舒静先打开WPS，找出一个组织架构模板，列出了研发岗位的大体架构图，如图4-4所示。

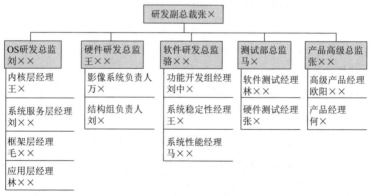

图4-4　研发岗位架构图

部分不够清晰需要确认的，她又重新联系那些标注了有兴趣的人选，再次确认了上下级的关系序列。有些会影响整体理解的核心岗位，她找了几个合作的猎头供应商打听了信息，最后有几个无法确认的信息，她也根据曾经做猎头的经验，通过陌生拜访电话拿到了姓名和联系方式，通过这些新的联系人把关系进行了核实。把组织架构图填补完整后，舒静满足地看了看自己的成果。

看着自己做的组织架构图，她觉得有必要做出一个自己企业跟可比职级对比的列表。针对目前公司招聘的几个核心岗位，分别写了一份招聘建议报告，如表4-4所示。

表4-4　招聘建议报告

序号	级别	名称	次级	职位	薪资／千元	备注
1	P14	首席科学家		CEO	100~200	
2	P13	科学家		执行副总裁	80~150	
3	P12	资深研究员		资深副总裁	60~100	
4	P11	高级研究员		副总裁	50~80	
5	P10	研究员	M5	资深总监	40~60	
6	P9	资深专家	M4	总监	25~35	
7	P8	高级专家	M3	资深经理	20~30	
8	P7	专家	M2	经理	15~25	
9	P6	资深工程师	M1	主管	10~20	
10	P5	高级工程师			8~15	
11	P4	工程师			5~12	
12	P3	助理工程师			4~10	

第五章
内部人才盘点与
人才地图融合

人才是万科唯一的资本。

——因为"野蛮人入侵"而出名的万科在业界推热了一个概念——"事业合伙人",在地产界,他们提了这句非常前卫疯狂的口号

第一节 ——→
什么是人才盘点

一、人才盘点的概念

彼得·德鲁克说过："人才决断的能力恐怕是最后剩余不多的可依赖的竞争资源之一，因为擅长此道的企业很少。"在激烈的市场竞争中，那些历经风雨仍屹立不倒的企业往往都拥有高层管理者出色的人才决断能力。福特汽车的历史就是一个生动的例证。

案例

福特家族第四代比尔·福特 2001 年接任福特 CEO。在2006 年，财报上的亏损达到 127 亿美元，面临内忧外患，濒临崩溃。他辞去 CEO 职位，并决心从公司外部寻找适合的人选来拯救福特。跟人力资源主管雷·戴沟通后，确定了只有一个要求：曾经成功挽救过企业。最终他留意到了波音飞机的副总裁艾伦·穆拉利，并且费尽心思把穆拉利挖过来。

穆拉利到任后对福特的发展制定了新的方向：侧重福特品牌，生产满足不同市场需求的产品，推广少而精的车型，生产具有一流质量、安全、节能和更多价值体验的汽车。他出售了沃尔沃等多个品牌，并且减少了车型。在他任期内开发的第一款新车——福特金牛座（Taurus），就比老款时尚得多。这辆车有着低俯的车顶线，姿态更加锐气逼人。

当比尔·福特带着穆拉利来到福特时，大家都担心他会用自己的人替换目前的高管。穆拉利承诺将继续依靠现有的高管进行变革，他通过内部人才盘点的方式兑现了承诺。

在《统一行动：跨界CEO穆拉利让福特起死回生的经典管理传奇》这本书中，布赖斯·霍夫曼（Bryce G. Hoffman）描述了上任后的穆拉利是这样进行人才盘点的："穆拉利给每个岗位留出两三个候选人，必要的话，他也准备从福特汽车外部招人。但他中意的人选，一定要对公司和公司存在的问题有深入的了解。穆拉利观察当前的各个部门负责人，然后从他们管理的团队中挑选最出色的员工。这样一来，如果他的第一选择不奏效，也能够很快地用公司内部优秀人才填补上职位空缺。穆拉利谨慎行事，他安排与每个高管一对一面谈，探讨他们在福特汽车取得的成绩、现在正进行的项目以及自己能在哪方面作出贡献。他不仅考察他们的自身资质和专业技术，也关注他们是否能与其他员工融洽共事。穆拉利还需要了解他们有多大勇气来克服未来道路上的困难。更重要的是，穆拉利想要确保他们能在危机中发挥自身作用。"

穆拉利解雇了傲慢的马克·舒尔茨，并且也提拔了一批年轻干将，如刚刚跨入不惑之年的制造部门负责人乔·辛瑞奇（Joe Hinrichs）。此外，穆拉利帮助当时 40 多岁的美洲地区总裁马克·菲尔兹（Mark Fields）巩固了领导地位。他还重用了德里克·库扎克（Derrick Kuzak）等经验丰富的资深高管。

在穆拉利的带领下，福特在 2009 年汽车行业崩盘的大背景下使公司扭亏为盈，之后连续五年盈利达到了 423 亿美元。新款福特福克斯终于在 2010 年 1 月 11 日登陆北美国际汽车展。距离穆拉利首次亮相科博球馆仅仅过了三年，这回再次登台已没有烟雾机造势，取而代之的是一个巨大的福特蓝色椭圆标志，下面是穆拉利的座右铭——"一个团队，一项计划，一个目标，一个福特"。他们没有摆放一辆平淡无奇的全尺寸轿车，而是摆放了一台时髦的糖果红色掀背车，车子在聚光灯下不停旋转。

同时，穆拉利也改变了福特曾经松散混乱的企业文化，创造了合作、透明的企业氛围。到了 2012 年，形势逐渐明朗，马克·菲尔兹被晋升为COO（首席运营官），并于2016年穆拉利辞去CEO后担任新的CEO。

穆拉利的人才盘点，遵循了从战略到组织再到人才的路径。先制订战略规划，然后对组织进行梳理，最后落实到人才的盘点。

人才盘点是对组织与人才盘点的简称，英文缩写为OTR（Organization and Talent Review）。人才盘点的概念是由货物盘点迁移而来。盘点在商业上最早出现在零售行业，主要针对货物盘点，以了解实时店铺运营过程中的货品损耗。货物损耗是可以看见和控制的，但有的损耗是难以统计和计算的，如偷盗、账面错误等。通过定期的盘点，首先可以控制存货，以指导日常经营活动；其次能够及时掌握损益情况，如有货物管理漏洞，需要尽早采取防漏措施；最后了解真实盈亏成效。7-11对货物盘点的创新使这家企业脱颖而出，让每个店长都能在货物盘点后及时调整订货数量和种类，最终能实现零售业务的快速增长。

货品供应链管理能力能使优秀的零售商区别于普通的零售商，而对于现代企业而言，人才供应链管理能力是企业制胜的一个重要指标。

与货物盘点相对应，人才盘点是对组织结构和人才进行系统管理的一种流程。在此过程中，对组织架构、人员配置、人才绩效、关键岗位的继任计划、关键人才发展、关键岗位的招聘以及关键人才的晋升和激励进行深入讨论，并制订详细的组织行动计划，确保组织有正确的结构和出色的人才，以落实业务战略，实现可持续成长。

马云曾说："阿里巴巴越做越大，资产是桌子、椅子，每天盘一遍。为什么不对人才盘一遍？人也是集团的资产，所以每年要盘一下，就是要看一看，到底人有没有增值。"

二、人才盘点的作用

D公司是一家品牌企业，其总裁王女士的梦想：打造一个属于中国人的奢侈品牌。历经十余年的风风雨雨，公司业绩持续增长，而跟着公司一起成长的老员工虽然收入越来越多，却逐渐流露出对后续人才的担忧。王总需要不断开拓新的市场，可是觉得自己没有人才可用！于是天天催着人力资源部门到处挖高管，期望通过新鲜血液的注入推动公司业绩和品牌再上新台阶。

然而，企业花费了大量精力和资金招聘的高管短暂停留后便选择了离开，关键岗位又一次空缺。当她为企业高管引进头疼的时候，知道了人才盘点的项目。在快速进行企业内部人才盘点后，她惊喜地发现公司内部并非没有人才，而是自己没有做细致筛查。有三个大区负责人具备成为全国营销负责人的潜力，同时市场总监的职位一直未能找到合适的人选，可以由副牌总经理兼任，只要再给他配一名品牌推广专家和媒介关系专家即可。

经过这次人才盘点，王总欣慰地说："最了解自己企业的还是内部人才，要做到及时的人才盘点，才能对公司内部人才心中有数。"因此，她决定将人才盘点项目作为公司的常规工作持续开展下去。

人才盘点，这一起源于 20 世纪通用电气的管理体系，如今已成为众多大企业的必备功课。其重要性不言而喻，因为企业早已认识到，仅仅拥有人才是远远不够的，更为关键的是将人才与当前及未来的业务战略相匹配、人与岗位相匹配。

人才盘点核心作用是：对战略和组织机构进行梳理，对组织结构和人才进行系统性梳理；发现问题并采取措施，确保组织有正确的结构，并且甄别出出色的人才，落实业务战略，实现可持续成长。

个人层面上，企业高管可以通过参与人才盘点工作有效地提升用人、识人的能力，同时为优秀、高绩效的人才提供更多的发展机会，在组织层面也拥有积极的意义。

前面提到的 AT&T 公司就是一个通过人才盘点进行组织

人才培训升级的案例。当时面对传统通信服务增长乏力的现状，AT&T 提前布局视频业务，通过一系列收购举措获取内容、渠道和客户资源，积极向现代媒体公司转型。确定公司战略转型，通过人才盘点，发现公司现有员工在职平均时长12 年，大部分员工都没有适合未来企业战略转型所需要的新技能。公司犹豫不决，究竟是选用新员工，还是对这些老员工进行培训留用。后来还是决定让原有员工学习公司未来战略落地需要的技能，通过补贴奖励的方式资助员工再学习。经过一段时间后，绝大部分员工都完成了学习，适应了新岗位的技能和知识挑战，公司也因此成功完成战略转型。

此外，实施人才盘点也有助于推行企业的人才战略理念。企业可以通过盘点中的组织测评环节向员工传达公司的文化理念和不同岗位上的任职资格要求；诊断组织状况以达到更好的人才匹配；塑造绩效导向的文化氛围，并对高绩效、高发展潜力的人才进行有针对性的激励和培养；同时为干部留任提供有力依据。

第二节 ——→
怎么做人才盘点

　　人才盘点的执行模式有两种：一种是封闭式盘点，即所有人才评价和盘点的结果仅有很少的一部分人知晓，通常盘点的成果是一份数十页的报告，由公司 CEO 保管，但有需求的时候拿出来参考；另一种是开放式盘点，盘点的参与者较多，通常以人才盘点会的形式分层分级进行，公开谈论人才与组织的匹配情况，形成的评价结论也在一定范围内共享。上级与员工谈论个人发展，这种模式把人才盘点转变成组织梯队建设的内在引擎。值得一提的是，通用电气作为人才盘点的先驱者，其 Session C（年度领导力和组织评估会）在企业管理界享有盛誉，为众多企业提供了宝贵的借鉴经验。

一、通用电气的人才盘点

GE 人才盘点 Session C 早已为现代企业所熟知，但大家可能不知道，Session C 是其整个管理体系的一部分，与 S-1（战略规划）、S-2（财务管理）、Session D（合规评价）、Work-out（群策群力）、6 Sigma（质量管理）等构成了一个有机整体。GE 同时制定了整个管理体系的运行流程。从 1956 年克劳顿学院的成立开始，GE 的人才管理体系经历了不断变革，其中被传播和效仿最多的便是 Session C。Session C 被很多企业熟知，也经常被人拿来就用，需要关注的是，工具背后的几个要点如下。

1. 人才盘点是企业管理板块中的一个环节

大部分企业的人才盘点由企业人力资源部门牵头并负责主导，往往最后就成为人力资源层面的项目，很难跟其他管理板块挂钩。可我们知道，最早的 GE 人才盘点的基础是对于业务发展与组织架构的审视，最终会落实到其他领域，包括战略、运营、组织规划和人才评估与发展。GE 在每年秋季召开两次会议，分别讨论未来三年战略和当年战略，并确定相关运营与资源分配工作。第二年二季度将进行的 Session C，对上一年确定的三年和一年战略进行评价，并且落实到现在和未来的人才发展规划和领导力规划的问题，而在第三季度又要对从去年开始的战略规划进行人才盘点。通过这一整套流程，公司能够将战略完整地落实到人才培养和发展上。

2. 人才盘点离不开高管的参与和支持

杰克·韦尔奇是 GE 整个人才盘点的主导者，他每年会投入大量的时间进行人才盘点和管理工作，同时参加每次的 Session C。他会带着公司高管，带动公司相应的高层参与和支持整个人才盘点的流程。通过这种方式，来确保公司战略与组织要求一致，并保证人才评估这项工作和高潜人才都得到合理的评估。

通过这种一轮又一轮战略与人才的盘点，公司战略、组织和人才保持高度一致，优秀的人才得以被识别，而不合格者无法在组织中存活，组织绩效得到高度激发。

3. 人才盘点的目的不在"盘"，而在后续行动

许多企业在实施人才盘点时，往往止步于庞大的数据结果，缺乏后续的有效行动。然而，GE 的人才盘点理念与众不同，它注重将盘点结果转化为企业发展的实际动力，以提升员工绩效为核心目标。

在 GE 的实践中，"盘"只是人才盘点的起点，它产生的

数据，如九宫格中的价值观和绩效等多个维度，虽然重要，但真正的关键在于如何运用这些数据来制订并执行精准的行动计划。Session C 结束后，GE 会依据盘点结果有针对性地展开人才培养和轮岗计划。例如，通过其独特的领导力学习地图，GE 将领导力培训课程细分为基础、进阶和高级三个层次，并为每个层次设定了明确的参与资格和培养重点。这种分层分类的培训方式确保了不同能力和需求的员工都能获得适合自己的发展机会。

此外，GE 的培训方法远不止于传统的课堂教学。全球范围内的实地调研、项目实践等多元化手段都被纳入其培训体系之中，极大地丰富了员工的学习体验和实践能力。针对九宫格等数据所揭示的高潜力员工，GE 还会提供更为个性化的培训计划和晋升机会，如特定项目的委任等，以加速他们的成长和晋升。

通过将课程培训与实际工作机会紧密结合，GE 不仅成功地培养和发展了一批批关键人才，还实现了卓越的组织绩效。这一系列精心设计的措施确保了 GE 人才盘点的有效落地，并最终铸就了其在人才管理领域的辉煌成就，如图 5-1 所示。

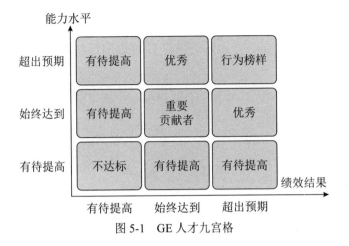

图 5-1 GE 人才九宫格

二、人才盘点步骤

不同企业在实施人才盘点时，采用了各自独特的方式，并构建了符合自身特色的人才盘点九宫格。尽管方法各异，但大体上都可以归结为三个核心步骤：明确企业未来战略目标、审视战略与现状的差距、制订具体战略落实行动计划。我们还可以进一步细分为以下五个步骤（图 5-2）。

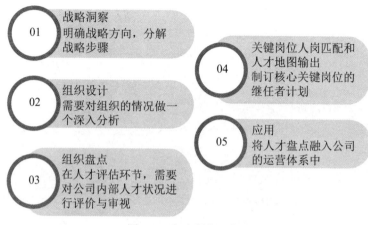

图 5-2　人才盘点五步骤

第一步，战略洞察。明确战略关键岗位的数量以及这些岗位所需的人才标准和画像。

第二步，组织设计。在对人才盘点前，需要对组织的情况做一个深入分析。组织架构应该如何匹配战略落地，配合业务发展？组织中的战略岗位应该是哪些，怎样进行设计？岗位职责应该如何设置？明确战略关键岗位的数量和人才标准及画像。

第三步，组织盘点。在人才评估环节，需要对公司内部人才状况进行评价与审视。即通过测评的方式对公司人才进行有针对性的评估，最终形成全面梳理和评估结果。

第四步，关键岗位人岗匹配和人才地图输出。通过人才盘点项目，梳理各业务单元的组织能力现状，为所有核心岗位制订继任者计划，并构建人才地图。

第五步，应用。将人才盘点融入公司的运营体系中。即通过人才盘点项目的实施结果，针对关键人才，依据人才标准培养其能力与素质，并制订继任者计划和人才发展计划，帮助人才补足与现有岗位的差距，帮助人才具备下一岗位的能力，从而解决现有能力不足和未来人才短缺两个问题，建立人才梯队体系。

GE 的人才九宫格是横坐标为绩效结果、纵坐标为能力水平，通过能力和绩效的高、中、低强制划分为九个格子，每个格子对应的人才画像和管理策略各有不同，这是我们在人才管理过程中最常见的一种九宫格的呈现方式。

GE 是人才管理领域的先锋实践者，在推动人才管理成熟的变革中不遗余力地发展着。著名的 Session C 人才盘点，是 GE 一年一度战略规划与人才规划工作中的重要环节。另外，根据 Session C 发展出来的较为著名的还有华为人才九宫格（图 5-3）和阿里巴巴人才九宫格（图 5-4）。

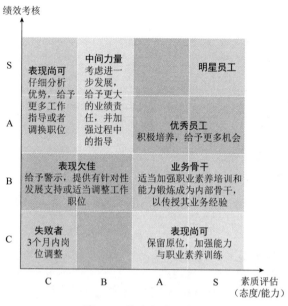

图 5-3　华为人才九宫格

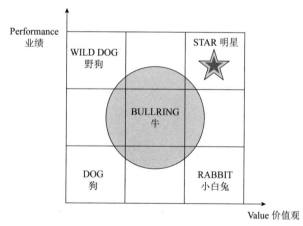

图 5-4　阿里巴巴人才九宫格

第三节 ——→
人才盘点与外部人才地图

一、人才盘点与人才地图的关系

人才盘点往往可以"盘"出内部人才地图，如果内部缺乏战略重点岗位相应的人才，则需要通过外部招聘活动进行人才补充。理想的人才梯队建设应该是内部人才盘点和外部人才地图同时开展，做到对企业内部和企业外部人才了然于胸。人才盘点和人才地图应该是人才供应链的两条腿，互为补充的关系。

不管是快速发展型企业还是稳定型企业，要落实战略，都需要战略人才。战略的落地，首先要通过内部盘点寻求组织内部人才信息，同时也要及时了解外部人才的情况，通过人才地图来定位适合人选。做到对人才心中有数，随时随地请合适的人上车。

人才盘点做好了，可以更好地推动人才地图项目。内部人才盘点项目如果能持续有效地推动，就有助于更好地明确核心战略人才画像。梳理好企业的发展战略，并且明确了落实战略需要的人才要求，通过人才盘点确定了岗位人才，就可以有清晰的胜任力模型。再将这个模型作为人才画像在人才地图项目中寻找，更容易清晰定位到具体的人选目标。找到符合胜任力模型的人选后，恰当地进行录用，不至于延误最好的招聘时机。

优秀的 CEO 不能仅仅把视野放在行业内，还要关注行业以外的发展状况，除了做好内部盘点，还能不断拓展，能关注行业和吸引行业之外的优秀人才。2006 年，当比尔·福特要招聘 CEO 时，他就认定了非汽车行业的穆拉利是唯一合适的人选。当穆拉利提出离职却被波音飞机挽留而想要放弃福特汽车的录用时，比尔让人力总监不顾一切地把他聘请回来。最后人力总监不负众望，给出了穆拉利无法拒绝的条件，他接受了录用并顺利到岗。

企业高层需要思考自己的人才策略：相较于对现有内部人才的关注，企业高层应该思考对未来和外部人才投入的资源有多少。如果公司是行业内的领先者，就有非常紧迫的需求同时通过人才地图项目建立一个外部行业的"顶级人才储备库"：系统、全面地掌握他们的资历背景、薪酬信息、工作变动动机和意愿等关键信息。优秀的头部企业在企业快速发展的阶段，除了把眼光聚焦在行业内，还应该考虑同时吸纳其他行业的优秀人才。

当整个行业处于产业转型期时，外部人才盘点和人才争夺战更富有战略意义，也更具有挑战性，比如十几年前快速发展的智能硬件行业。外部人才盘点已经无法局限在本行业盘点了，视野要扩展到硬件行业之外，诸如互联网行业、汽车行业、高端制造行业等。这样一来，人才争夺战就更加激烈了，因为不是和其他硬件品牌公司争夺人才，而是要和谷歌、百度这些互联网公司争夺人才。在这种局面下，如何打赢人才争夺战？某公司是一家快速发展的智能硬件公司，因需要招聘数名图像算法类人才而面临极大的挑战。因为算法人才短缺问题，公司花费很长时间都招聘不到足够的人才。这时候，公司决定启动"人才收购模式"，通过收购某家图像算法公司来扩大自己的人才梯队，而非考虑产品或者客户资源。最成功的人才并购案例当属 2005 年腾讯并购了张小龙及其 Foxmail 团队。面向未来，卓越的 CHO（首席人力资源官）不仅要成为人才专家，还要成为人才并购专家。

人才地图项目落实得当，对人才盘点项目的持续改善也颇有益处。人才地图项目的推动，也可以帮助企业做好内部人才盘点。通过人才地图项目，深入了解同行业竞争企业的人才布局，就能更深刻地了解其战略和业务规划。同时，了解公司在薪酬福利、组织绩效、企业文化等方面的信息，能够更好地为企业战略落地、人才培养等方面提供有效的建议，在人才盘点会议中，推动企业组织变革。

二、人才盘点与人才地图如何更好地融合为人才战略地图

1. 都要获得公司高层的重视和深度参与

人才盘点已经是大企业标配，每家企业都会做。但大多是由人力资源部门主导，有时候很难真正做到人才盘点与战略联动，最终无法有真正的后续行动。人才地图更是一个主要由人力资源部门主导的项目，普及面没有人才盘点那么大，甚至很多企业没有重视起来，更别提高管的参与甚至主导了。

如果要真正实现从战略到人才落地，打造成熟的人才供应链，需要公司高层对于人才盘点和人才地图项目的高度参与，甚至应该成为一个由上至下的项目。

优秀的 CEO 往往也是一个优秀的人力资源官，负责战略制定，并且能够找到适合人选来落实执行。通过主动分配人才盘点和人才地图的工作，同战略建立联系，就能及时主动

地调整匹配战略的人才战略方案。

贝佐斯有句名言："你的人就是你的企业。（Your people is your company.）"用什么样的人，企业就会变成什么样，而人不对，怎么补救也没有用。亚马逊这些年的指数级增长，是巨大的成功。在其诸多成功要素中，人是根本，因为战略都是人想出来的，业绩都是人做出来的。贝佐斯也把招聘顶级人才作为自己工作的重点，不遗余力地持续努力招徕。贝佐斯招募 CIO（首席信息官）达尔泽尔的过程可谓一波三折，但我们可以看到，要想吸引顶级人才，不仅要像贝佐斯一样亲力亲为，还要像他一样，在遇到各种挫折时锲而不舍、坚忍不拔。作为创始人、一把手，把时间和精力花在这方面是非常值得的。当公司员工看到创始人亲力亲为引进人才的举动，才会营造一个大家深入参与的氛围。

2. 都需要得到全公司的联动

字节跳动创始人张一鸣对于人才战略成功的因素曾经付出过极大的努力，他说："从 2015 年初到年底，今日头条员工从 300 多一下子增长到 1300 多，肯定不都是我亲自招来的，但还是有不少我亲自沟通的。如今我最多的夜归也是去见候选人，有时候甚至从下午聊到凌晨。我相信并不是每个 CEO 都是好的 HR，但我自己在努力做一个认真诚恳的 HR，披星戴月，穿过雾霾去见面试候选人。"不是每个 CHO 都可以成为 CEO，但好的 CEO 一定是好的 CHO。

对大多数企业来说，员工的选拔聘用是人事部门的工作。一般情况下，高层领导最多在最终面试环节进行简短的面谈。有人把人才盘点分成三种类型：人力资源部门的人才盘点、用人部门的人才盘点和公司高管的人才盘点。

人力资源部门主导人才盘点的目的是让人事决策更有依据，为晋升、辞退、调岗和聘用所用。以人力资源部门为主角的人才盘点，业务部门的参与度很低，导致 HR 对人才的定义和业务战略与人才关系的理解不够全面或准确，最终很难真正落到实处。因此，人才盘点不能仅仅是 HR 部门的独角戏。

人才盘点要增加"集体视角"，要深入思考：为了实现下一阶段的战略目标，本企业需要实施什么新战略，保留、调整、增加哪些组织能力？要回答这个问题，不能仅有"个体视角"，还必须有涵盖整个组织的"集体视角"。如此，单靠几个测评工具和人才测评顾问搞人才盘点，无异于缘木求鱼；单靠人力资源部门的独角戏，难于上青天。

由 CEO 高管层主导人才盘点成为战略引领流派，同战略直接挂钩，人才战略决策直接嵌入到战略部署之中，具有更高层次的目的和意义。通过战略盘点、组织盘点及内外人才盘点的联动，最终要使这三者实现无缝衔接。取得这个结果，

CEO 才能更好地排兵布阵。

谷歌为什么让公司全体人员参与选拔聘用，并投入如此大的人力和物力？是因为谷歌的文化认定，只有在选拔员工中花费足够多的时间和成本，才能选拔聘用到优秀的人才。正因为佩奇和布林明白这个道理，所以他们更能吸纳优秀的人才来谷歌。谷歌的招聘结果是，招聘到比自己更优秀的人才，只有全员参与，才能最终实现这个目标。

人才盘点如果仅仅由人力资源来负责，得不到公司业务部门的重视，往往会流于形式。而人才地图是一个需要持续投入且长期验证并修正的信息版图，虽然主要由人力资源部来主导，但如果没有高层的参与，整个项目就很难触达战略。因此，无论是人才盘点还是人才地图项目，都需要取得公司的上下联动，才能做到从战略到人才的真正落地。

3. 人才盘点和人才地图在不同的企业新情境下的重要意义

有人说现在是 VUCA 时代，VUCA 即 V—Volatility（易变性）、U—Uncertainty（不确定性）、C—Complexity（复杂性）、A—Ambiguity（模糊性）。这个时代，商业模式、企业组织、企业文化都在被重新定义。管理大师悉尼·芬克斯坦（Sydney Finkelstein）在其著作《成功之母》（*Why Smart Executives Fail*）中分析了导致 CEO 失败的四大情境：创立新业务、应对创新转型、管理并购交易、应对新的竞争对手（特别是跨界打劫者）。这四个新的情境，都能让企业面临挑战。要应对这些情境，CEO 应该进行充分而必要的人才储备，把目光同时放到企业外部，去了解行业内或者行业外的人才，来弥补公司发展中遇到的各种挑战所需要的新的技能和知识，应对公司新战略和新情境下的需要。

在人才储备过程中，人才盘点和人才地图两个项目同时进行，不断互相补充，确定公司人才库存是否足够，提高公司的人才密度。人才池如果太小，一旦公司面临新的情境，则会导致整体战略的失败。提前盘活人才池，使适合的人才随时可用，在新情境下不至于疲于应对，正是长期开展人才盘点和人才地图项目结合的意义所在。

在现在环境下进行的人才竞争，从来就没有停止过，只会愈演愈烈。尤其对于一些进行国际化扩张、面临数字化转型的中国企业而言，人才竞争只会在全球范围内跨行业进行，只有把人才盘点和人才地图不断融合，持续推进，才能在这场无硝烟的人才战争中立于不败之地。

🤝 案例

跨境电商 O 公司的人才盘点和人才地图

O 公司是一家成立 5 年的跨境电商企业，每一年都以业绩翻倍的速度在增长。虽然成长喜人，但公司高层一直埋怨人力资源部不给力，没有很好地支持公司产品经理人才梯队的建设。战略部也常常向董事长抱怨，因为没有建设好产品人才梯队，而在推动产品多样化、提高公司在营销上的竞争力的战略落地上存在很大的阻力。人力资源部有苦说不出，公司高管要求不足三年经验的产品经理公司不予以录用，可实际情况是因为近年来跨境电商蓬勃发展，三年以上经验的同行业产品经理人选在人才市场上很少。在产品经理招聘上引进了多个猎头供应商，可是一直招不到合适的人选。

O公司很早就开始做人才盘点了，虽然有知名国际战略咨询公司指导和参与公司人才盘点工作，对内部人才进行了梳理，但公司始终觉得人才短缺问题无法得到解决。人力资源部提出需要进行系统的外部人才地图项目，并且同公司内部人才盘点进行联动，在每年两次的组织战略会议上复盘。由人力资源部门牵头的人才地图启动后，对整个跨境电商头部企业进行重点人才地图摸排。

整个项目大概进行了3个月以后，再在企业级会议上展示人才地图，公司高层才意识到问题所在：产品经理在所有的跨境电商公司都是宝贝，好的产品经理后续能够被提拔为新业务部负责人，每家公司都尽可能把最好的福利倾斜给产品部。产品经理在整个跨境电商领域被互相挖来挖去，导致一部分人才频繁跳动，这样的情况导致外部挖猎非常困难。

当把内部人才盘点的成果和人才地图信息进行整合后，公司意识到产品人才从外部招聘的问题短期内无法解决，当即决定从项目部和运营部选择一些有潜力的员工转到产品部进行培养，并且提高一年以上经验的产品经理的薪酬福利。在三年左右经验产品经理中筛选出高潜人才，由他们带着新的产品部同事开拓新的产品线业务，并且有针对性地引进外部培训，使其能力尽快达到产品总监级别。同时，加大了外部人才寻访的力度，把招聘普通产品经理的需求改为招聘产品总监岗位，并且不设薪酬上限。另外，同步让公司校招团队倾斜资源放在产品管培生的校园招聘上。

通过一系列的操作，O公司在一个季度后就建立了公司的产品经理人才序列，很长一段时间无法得到落实的新产品开发战略终于有了进展。公司高层对人力资源部门的人才地图和人才盘点结合项目表示赞赏。

第六章
人才地图应用的六大场景

那些主管不是首先确定目的地，然后才把人们引向那里，而是先让合适的人上车（不合适的自然请下车），然后才决定去向何处。

——吉姆·柯林斯《从优秀到卓越》

如今，人才竞争越来越激烈，企业之间的竞争归根结底是人才的竞争。在这种激烈的人才争夺战中，越来越多的大公司开始认识到人才地图在招聘中的重要性。一张精准细致的人才地图，如同航海者手中的罗盘，不仅为招聘团队指明了行业趋势和人才流动的方向，帮助他们更加精准地把握市场动态，而且为制定高效的招聘策略提供了有力支撑，成为企业在人才争夺战中克敌制胜的法宝。

通过人才地图项目，我们能够深入剖析目标人才市场，掌握行业薪酬水平，洞悉目标人才的聚集地和流动趋势，从而实现对行业内人才的全面掌控。一旦需求出现，我们能够迅速锁定目标，并对潜在候选人进行长期、持续的跟踪。

在战略层面，通过人才地图项目，我们可以观察到竞争对手的人才战略布局，分析竞争对手的产品策略和业务方向，了解竞争对手的人才雇用情况，真正做到知己知彼。

值得强调的是，人才地图在企业中的应用绝不仅限于招聘环节。实际上，它在以下六大场景中均发挥着不可或缺的作用。

第一节 ——→
场景1：了解和分析竞争对手的组织与业务状况

为了通过人才地图迅速洞察竞争对手的组织架构和业务动态，公司高层、业务部门与人力资源部门需进行前期的紧密讨论。这一讨论通常在企业战略会议之前进行，旨在为企业战略盘点和未来战略调整提供有力支撑。

在讨论中，公司基于去年的战略执行情况确定需要收集的信息，明确目标企业及其关键部门和业务。随后，形成一份详细的人才地图实施计划，并在会议结束后迅速展开项目。人力资源部门负责筛选信息来源，决定哪些内容通过自行调研获取，哪些需要借助第三方信息，最终整合成一份全面、精确的组织与业务人才地图。

企业高层可以根据这些信息快速调整自己的业务策略；人力资源部门可以通过行业内外部企业的组织状态，分析比对自身组织的整体吸引力，以便企业对选人留人策略做出调整。

一、组织状态人才地图涉及内容

人才地图项目需要对目标公司进行组织架构信息调研，通过层级设定可以了解这些公司的组织信息。通过组织状态人才地图，可以更为清晰地了解相应企业业务的设置逻辑，通过更加全面的信息，本企业可以找到合适的人选。尝试从以下方面进行访谈，以诊断这些企业的组织状态：

（1）战略传递是否清晰？业务指导是否充足？团队建设情况是否足够？通过关键人才评级评价看关键人才是否真的优秀，通过团队管理风格评价反思团队负责人管理情况。

（2）业务流程卡点是否有普遍性？

（3）确认所在团队在部门内的位置？确认所在业务在公司中的位置？

（4）团队内是否有很好的辅导机制助力关键个人成长？反思团队内梯队建设健康度、公司信心度如何。

二、业务动态人才地图涉及内容

在进行调研的时候，需要了解目标公司目前整体业务发展状态，如果仅仅抛出一个大问题，得到的答案必然是大而无用。如果在人才地图项目中想要进一步对目标公司进行业务动态的了解，可以从业务诊断的逻辑与模型——"业绩结果—驱动因素—业务诊断"来入手。

目标公司的业绩表现如何？常用的分析抓手是市场份额、净利率、ROI及自由现金流。当然，对财务指标熟悉的朋友可以再进一步从财报中去挖掘有用的信息。

业绩驱动因素包含哪些方面？是从业绩表现中提炼出对企业业务价值起到较大增值作用的因素。商业模式不同，资源和能力不同，驱动因素也会有差异。一般会包含三种商业模式：销售导向型、产品导向型和市场导向型。销售导向型公司的驱动因素可能是具有铁军精神的销售团队、强有力的客户管理系统；产品导向型公司的驱动因素可能是一流的产品经理团队、丰富的知识和诀窍沉淀等；市场导向型以由客户组成的市场为中心，主要关注当前的市场规模和销量，没有聚焦到每个客户。

业务模型具体体现在不同模块的流程落地。战略流程包括市场细分、目标、定位、战略规划及战略验证；运营流程主要包括营销模块及产品服务模块；管理流程包括人力资源、财务资源、信息与诀窍、网络与关系、有形资产等。

第二节 ——→
场景 2：进行人才战略、薪酬绩效、人才动向分析

  人才地图的最终目标，还是要落实到人才战略，因为通过人才地图项目来了解市场上目标公司的人才战略、薪酬绩效及人才动向信息，就能为企业整体人才战略解决方案提供重要且必要的信息，真正做到擦亮眼睛、理性决策。

  进行人才战略的人才地图项目，首先要通过内部人才地图启动会议确定发力点：最终是为企业内部薪酬绩效变革提供意见和建议，还是定位自身企业在行业内的薪酬情况，抑或是对行业人才动向进行分析，以便调整公司的用人策略？确定好项目重点后，就可以依据以下内容进行详细的调研分解。

一、人才战略：企业文化、人才规划、选拔和培养、组织发展

目标企业的人才战略，我们一般思考四个方面的问题：企业文化是怎样的，人才规划是怎样的，选拔和培养的方向如何，整体组织发展的方向在哪里。

美国的奎因教授和卡梅伦教授在竞争价值观模型的基础上构建了 OCAI（Organizational Culture Assessment Instrument，组织文化评价量表）。OCAI 根据六方面的判据来评价组织文化：组织氛围、领导者角色、管理风格、组织凝聚力、战略重点和成功标准。根据组织关注的工作内容和工作方式进行类型区分。根据组织关注的工作内容是内部运营还是外部发展，将文化类型分为内部取向型文化和外部取向型文化两种。根据组织采取的工作方式是强调灵活自主还是稳定控制，将文化类型分为灵活变通型文化和规范控制型文化两种。我们在进行人才地图项目的企业文化调研时，可以采用这个框架来简单了解。

人才规划比较难以从企业外部进行评估，但一般企业的人才规划可以在以下框架内进行：

● 企业的战略目标是什么？

● 怎么做能实现战略目标？

- 做这件事情目前有多少人，不同专业多少人，什么级别？
- 公司目前主要的招聘和培养岗位有哪些？
- 哪些部门在招聘高端岗位？
- 近期招聘了什么人？大概多大规模？什么级别？
- 这些人才在公司的适应情况如何？
- 有哪些人才离职或者被淘汰，主要是什么原因造成的这些流失？

二、薪酬绩效：激励政策、薪资构成

薪酬绩效是吸引和留住人才的关键。在调研中，我们需要重点关注目标企业的薪酬架构、长期与短期激励机制以及考核机制。通过对比分析竞争对手的核心岗位薪酬信息及其设计机制，我们能够更清晰地了解市场行情，从而为本企业制定更具竞争力的薪酬绩效政策提供有力支持。

三、人才动向：人才趋势、人才缺口

行业人才的流动趋势和缺口是我们必须关注的另一大领域。通过实时跟踪行业间的人才流动和岗位缺口情况，我们能够及时发现新的人才需求和市场机会。同时，深入了解不同企业填补缺口的策略和方法，也能为我们提供更多的人才引进和培养思路。

以蓝灵企业为例，该公司希望借鉴行业内头部企业明华的业务薪酬架构来推动公司内部薪酬绩效改革。在初步尝试通过联系明华销售人选了解信息未果后，蓝灵企业决定启动为期一周的薪酬调研人才地图项目。通过这一项目，蓝灵企业希望能够更全面地了解明华的销售薪酬体系，从而为公司自身的薪酬改革提供有力支持。

第三节 ——→
场景 3：通过人才地图建立高绩效人才标准和画像

ꙮ案例

某跨境电商 Y 公司希望招聘用户增长产品经理，用人部门给招聘部门的标准是，招聘行业头部三家竞争对手公司的人选即可。给出的人才画像是，5 年以上头部企业用户增长工作经验，负责过 0~1 阶段的产品搭建。猎头公司接到招聘需求推荐了一些人选，用人部门很快从中选择一名进行了录用，可是几个月过去后，人选的工作成效很糟糕。HRBP 跟业务负责人沟通后决定重新进行招聘，原因是公司希望用有 to B（指 Bussiness，代指机构客户）经验的人选，可是这个人选主要是 to C（Consumer，代指个人客户）经验。

招聘部门紧急启动人才地图项目，迅速锁定几家有 to B 业务的大企业，并根据对标事业部进行人才地图项目，快速进行了人才摸排。大概 1 周后，有了清晰的人才画像：全国大型跨境电商平台经验的 to B 用户增长的人选，全国寥寥可数。年龄和职级符合要求的更是屈指可数。经过不懈努力，招聘团队终于联系到人选并成功录用，人选上岗后迅速适应了岗位，成功搭建了 B 端客户营销平台，并且快速实现了用户增长。

人才地图能够在信息层面帮助企业确认人才画像和标准，这已经达成了共识。但高绩效人才标准比较容易判定，因为通过企业每年的绩效评估就能了解到，但随着企业愈发注重人才梯队建设，用人部门也更加在意高潜人才的招聘。问题来了，高潜人才的人才画像如何判定？

🏭 案例

S 公司是一家快速发展的医疗器械公司，因为业绩增长飞快，人才短缺成了制约公司发展的痛点。外面招聘难，中层干部非常缺乏，董事长想要在一线销售员工中选拔几个优秀的人才担任区域负责人。

人力资源部提供了一份有三年左右销售经验的人员名单，董事长跟销售总经理开会，依据最近一年的绩效排名确定了前十名的名单，将这十名销售代表提拔为区域销售经理，让他们分管一个小区域。然而，一年以后，这十个人中只有两人胜任区域经理的要求，其他人不但没完成区域销售目标，就连个人的业绩也没有完成。同时，团队里有几个没有被提拔的销售，因为不满公司的任命跳槽到了竞争对手公司，反而成了竞争对手的业务骨干。

这个案例充分说明了，高绩效人才跟高潜人才不能完全等同。因此，优秀企业除了注重高绩效人才的培养和留存，还要把注意力放在高潜人才的识别和招聘上。如果把高绩效人才比作战场上的主力军，那么高潜人才便是蓄势待发的预备队伍。

以销售代表为例，他们可能在现有岗位上表现出色，成为高绩效人才的典范，但这并不意味着他们必然具备成为区域销售经理的潜力。因此，通过外部人才地图项目精确描绘出行业内高绩效与高潜人才的画像，对于企业内部明确区分这两类人才至关重要。高绩效人才是KPI（关键业绩指标）时代的佼佼者，他们能够以超额的成绩完成绩效目标。而建立高绩效人才库，则为企业发展提供了坚实的人才基础，通过提前进行战略人才储备，确保企业人才战略的顺利实施。

　　我们在做高潜人才项目的时候可以参考拉姆·查兰总结的高潜人才需要具有的五大特质进行评估：提高自己的时间回报、激发他人和培养他人、成为创意和执行大师、研究客户对手及环境、提高思考及判断。这些特质共同构成了高潜人才的核心竞争力，也是企业在选拔未来领导者时应重点关注的方面。

第四节 ——→
场景 4：搭建人才库

人才地图，作为企业的导航罗盘，在高绩效人才的搜索与定位中发挥着至关重要的作用。它不仅帮助企业描绘出所需高绩效人才的分布蓝图，还能依据市场变化和企业需求进行实时策略调整，确保企业能够精准触达并吸引这些关键人才，从而推动战略目标的顺利实现。

正如前面的 Y 公司，如果不清楚高绩效人才的分布，不了解人才市场情况，就无法知道自己究竟需要花多大力气去吸引一名高绩效人才，也不知道是否值得花费高于自己预期的代价来聘用他。

然而，借助人才地图的指引，Y 公司成功把握了全国人才市场的脉络。在锁定了一名猎头推荐的高绩效人才后，公司灵活调整策略，将工作地点从北京变更为杭州，以更贴近人选的需求。同时，公司也勇于突破原有的薪酬限制，为人选量身定制了更具吸引力的薪酬方案，从原定的 70 万元提升至 90 万元。此外，用人部门采取了积极主动的态度，亲自飞往杭州与候选人面对面交流，通过直接的沟通与互动增强了企业的吸引力。最终，这些举措成功促成了人选的顺利入职。

案例　怎么做人才库项目

跨境电商公司企业招聘负责人工作笔记

我们是在 2019 年第三季度开始构思要在第四季度启动人才库项目。鉴于公司业务的迅猛扩展，我们预见到 2020 年初将涌现大量职位空缺。如果等到那时才开始招聘，恐怕直至 6 月份我们都无法完成人员配置，紧接着又要在社会招聘的压力下开展校园招聘。因此，我们提前一个季度布局人才库，为 2020 年的招聘工作储备优质人才。

建立人才库的方法论并不复杂，真正的挑战在于如何使全员深刻理解此项目的重要性。因缺乏明确的目标导向，许多企业的人才库项目往往难以持续推进。在明确目标之后，下一步才是如何精准高效地执行与落地。2019 年底，我们正式启动人才库项目，并设定了长短期目标。

短期目标：储备 2020 年第一季度寻找机会的人，同时为短期的人才地图服务提供支持。

长期的目标：人才库的精细化运营。

　　我们首先对公司现有的人才库进行了全面梳理，其中两个关键环节是人才库文件夹的划分和标签管理。虽然有些企业仍在使用 Excel 表格管理人才信息，但我们相信大多数现代企业已经采用了更为先进的人才管理系统软件。无论采用何种方式，重要的是要定期更新和维护人才信息，确保数据的准确性和时效性。

　　我们在系统里面把文件夹基于公司和行业的维度进行划分，目的是给人才地图工作奠定坚实基础。我们按照公司维度划分了电商领域的大型公司，而细分行业的小公司则按照行业维度进行归类。

　　接下来，我们通过电话沟通对候选人的简历进行更新，并在每次沟通后为候选人添加备注标签。虽然初期大家可能会因为忘记添加标签而感到痛苦，但一旦养成习惯，就会发现这对人才地图的梳理、人才的持续激活以及与业务同事的沟通都大有裨益。

　　在完成系统的简历更新后，我们着手进行人才库的激活工作。通过设定好的标签，我们可以轻松筛选出符合目标画像的候选人，并通过邮件和短信邀请他们投递简历。

　　2019 年底启动的人才库项目为我们的招聘工作带来了诸多便利。由于提前做好了人才库的分类划分和标签梳理，我们储备了大量预计在未来寻找机会的候选人，并详细记录了他们的活跃时间。这使得我们能够根据公司实际的招聘需求有针对性地激活这些候选人，从而高效完成大规模的紧急招聘任务。

因为人才库里的资源非常有条理，每当我们的招聘规划一出来，大家首先想到的就是去人才库里看看有没有对应的储备。

人才库运营并非一蹴而就的事情，而是需要长期积累和持续努力的。它依赖于正向的结果反馈来保持动力。人力资源项目的一个独特挑战在于，并非每个阶段都能产生明确的结果。尤其是人才库项目，它往往漫长且充满挑战。如果没有阶段性的复盘和成果衡量，就很难保持团队的积极性和投入度。

我们公司非常重视复盘这件事情，所有的项目都会有明确的立项、复盘，我们会看过程中有哪些是可以持续的，哪些是需要加强的，取得的成果如何，还会对表现好的同学表示认可。这种阶段性的复盘可以激发大家的积极性。

我们做人才地图，首先要设定自己的目标。最明确的目标肯定是录用数，但不是每一个人才地图项目都能帮我们达成招聘目标。我们做外部人才地图框架是基于以下 4 个维度来开展：人才数据、人选名单、面试漏斗分析和解决方案。

1. 人才数据

如果缺乏详尽的人才市场数据，我们在与业务部门沟通时便会失去信心。因为谁也不知道人才池有多大，要付出什么努力才能有招聘结果。在接到岗位需求后，我们的首要任务并非急于接触特定人选，而是在第一周内广泛沟通市场上的所有相关人才。这样，我们便能针对该岗位，掌握市场的大致状况、人才数量及其层级分布。

举个例子，我们要招一个电商手机品类运营负责人，那我们会先探寻行业中的领军企业，即第一梯队的公司，再进一步了解第二梯队的公司。接着，我们会深入研究这些目标公司中手机品类团队的规模，以及有多少人的经验与技能能与我们的岗位需求相匹配。通过这样的方式，我们能够精确地勾勒出人才市场的蓝图，并据此制定出更为有效的招聘策略。

2. 人选名单

第一步完成后，我们需要对这些数据进行整理，了解总体的沟通人数以及这些人的具体情况。需要对这些人选进行标签化，以便后续行动。

3. 面试漏斗分析

我们公司的面试都会通过系统进行记录，有了这个数据，遇到了长期重复的岗位招聘，就能够对过去的招聘结果进行面试数据漏斗分析。通过数据分析，我们可以了解某个岗位之前大概有几轮面试，每一轮面试大概有怎样的筛选率，从而推断成功招聘到目标数量需要多少个人选简历，然后再推算出人才地图项目需要付出的努力程度。

4.解决方案

不管招聘结果如何，我们会对每一个面试环节后人才流失的原因进行跟进和复盘，并且找出解决方案，就这些信息跟业务部门沟通。这使得用人部门能够清晰地了解所招聘人才在市场上的实际水平以及人才的稀缺程度。基于业务部门的紧迫性和具体需求，我们能够做出合理的安排。这种紧密的交互不仅促进了HR与业务部门之间的交流与深度合作，还确保了双方在招聘过程和结果上保持一致的认知。

第五节 ————→
场景 5：人才地图项目会议的 5 个步骤

如果团队已经做好实施人才地图项目的准备，就应该做好具体的时间安排。假设团队已经研究过人才地图或者做过专门的训练，并且所有人都准确理解人才地图的意义，就可以按照下面的方法实施了。

1. 提交人才地图的任务

所有参与会议的人员，包括企业高管、业务负责人、中层用人部门以及人力资源部门，都被要求提交他们认为公司本季度在人才地图项目上应执行的任务。由于不同工作层级在理解和重视企业人才地图方面存在差异，他们在项目中所扮演的角色也各不相同。

例如，中层用人部门可能更注重结果导向，关心空缺岗位的招聘效率，因此对于需要投入时间和精力进行人才地图建设可能持保留态度。相反，高层管理部门更关注对宏观人才市场的掌握，他们更愿意通过人才地图深入了解信息，且不过于追求短期内招聘效果的提升。

因此，在会议前，各部门明确了自己在人才地图项目中的期望和任务，并最终确定了共同的目标。这样做有助于在会议中充分讨论并保持目标的一致性，从而确保项目的顺利推进。

2. 组织召开人才地图项目会议

人才地图项目会议不需要太多人，十几人即可，但需要达成共识并重视项目的目标，把外部人才地图和内部人才盘点放在同等重要的位置。人才盘点可能是一年一次的项目，但人才地图项目既有常规项目，也有临时紧急项目。通过定期召开的人才地图项目会议，我们设定明确的目标，并利用PDCA项目管理方法推动项目的有效执行。

3. 人力资源人才地图联动执行

当人才地图项目的目标设定得清晰明确后，人力资源部门将作为项目的发起者和主要执行者，承担起推动项目前进的重任。然而，这一过程中与高层管理和用人部门的紧密协作与定期沟通至关重要。为了确保各方在理解和行动上保持一致，人力资源部门需主动与这些关键部门保持实时沟通。一旦发现任何理解上的偏差或潜在问题，都应立即进行沟通和调整，从而确保项目的顺利推进，实现过程和结果的高度一致。

4. 人才地图复盘会议

复盘会议通常由人力资源部门负责展示人才地图，并对照启动会议时设定的目标进行深入回顾。在这一过程中，人力资源部门会结合人才地图的信息，形成一套针对公司的具体应用步骤。为确保这些步骤的有效执行，公司高层将亲自参与并推动整个过程。

5. 人才地图应用

年度人才地图项目和紧急人才地图项目的结果应用非常关键。在复盘会议后，我们应立刻进行招聘决策的优化、人才战略方向的调整或内部人才的选拔和留用工作。为确保这些应用的有效性，我们会通过关键指标进行持续跟踪，并在下一次的人才地图会议中分享和总结经验。

（1）公司常规年度人才地图项目。人才地图项目就是要通过实践、总结，不断完善、持续推进，不要把这个过程当作汇报、考核结果。假如团队真的没有完成通过人才地图设定的目标，就要一起思考为什么会这样、怎么改进。如果所有的目标都达成了，就设置更有挑战的目标，把精力聚焦在学习总结、挖掘潜力和高效执行上。

常规的人才地图项目应与战略目标相结合，不断优化并保持长期更新。而紧急的人才地图项目需要跟长期人才地图项目进行协同，让这些信息能为公司长期人才供应链和人才库服务，最终跟战略落地实时进行绑定协同。

（2）初次实施人才地图项目时，可能会遇到各种问题和挑战，甚至有失败的风险。然而，我们不应轻易放弃，因为放弃意味着失去了一个极具潜力的工具。为了避免这种情况，以下策略可以帮助我们降低风险。

● 第一次实践，建议全公司从小规模的人才地图项目着手。通过设定一个清晰、明确的项目目标，我们往往能够显著提升招聘效果。如果用人部门对项目的成果感到满意，并主动提出进一步的需求，那么我们可以逐步扩大项目规模，而不必急于推进需要全公司协作的大型人才地图项目。

● 在尝试常规人才地图项目之前，我们可以选择一个相对独立的用人团队进行小型人才地图项目试点。理想的选择是那些在招聘过程中遇到较多困难的团队，因为他们对于解决方案的需求更为迫切。同时，由于他们的工作相对独立，不需要过多依赖其他团队的支持，这有助于确保人才地图项目的顺利实施。如果试点项目取得成功，我们可以逐步将其推广到其他团队，直至全公司都掌握并应用这种方法。

第六节 ⟶
场景 6：避开人才地图常见的坑

我们曾协助很多企业成功实施人才地图项目，其间也深入探讨了各项目所面临的挑战与困境。我们发现以下常见错误往往会成为导致人才地图项目失败的关键因素。

1. 人才地图是一个大工程

人才地图项目不是一蹴而就的，它是一个长期工程，长远得足以伴随 HR 整个职业生涯。

这个项目就好比一幅无尽的拼图，尽管我们可能永远无法将其完全拼合，但正是通过我们不懈的努力和持续的拼凑，手中的人才地图才会逐渐变得更加立体和丰富，使我们对人才市场的认知越发清晰。对 HR 而言，持续参与人才地图项目不仅是提升个人核心竞争力的最有效手段，更是与行业内高手保持交流和学习的重要途径，从而迅速成长为该领域的专家。

实际上，尽管我们可以为人才地图项目投入大量时间，但对于 HR 来说，更重要的是树立人才地图的意识，并将其融入日常工作之中。只需在与人选沟通时有效结合这一工具，就能够产生深远的影响。

2. 把人才地图等同于成功招聘

人才地图项目可能是长期的，也可能是短期的，但其直接目的并非仅仅为了成功招聘。如果招聘不到位就宣布人才地图项目无用，不愿意继续进行下去，这其实是对人才地图项目的误解。人才地图不仅有助于提升招聘成功率，它更是一个深入了解人才市场状况、掌握行业人才分布密度的有力工具。尤其对于那些快速成长且注重中高端人才引进的公司而言，绘制行业人才地图不仅能显著提升寻访人才的效率和质量，更能加深 HR 对行业结构的整体认知，从而在与业务部门的沟通协作中发挥更大的作用。

通过人才地图项目获取的信息，能够帮助招聘团队排除干扰因素，更精准地锁定目标人选，从而提高招聘的正确率。然而，如果在一个人才项目中设置过多的目标而缺乏明确的重点，那么项目的复杂性可能会使其变得难以实施，最终可能导致项目失败。

3. 设置的人才地图项目周期过短—— 一周或者一个月

在招聘任务紧急的情况下，人们往往倾向于将人才地图项目作为驱动工具，并试图将其周期压缩至非常短的时间内。然而，对于紧急招聘岗位而言，人才地图更适合作为辅助工具。因此，基于短期的任务需求，其目标应该聚焦且合理。

实际上，我们建议短期的人员配置计划一般以一年为限。对于特别快速发展的人才项目，或者针对某个特定职位、特定职能部门的突击项目，至少应以一个季度为一个周期。这样的安排既能确保项目的有序推进，也能避免因周期过短而导致的项目效果不佳。

4. 人才地图是一次性项目

如果说短期的人员配置主要是从执行层面出发，通过迅速行动以达成既定目标，那么长期组织规划则是以 3~5 年的中长期战略目标为指引，需要深入构想多种未来场景并预设相应的解决方案。企业的战略决策，如新业务的拓展、业务的转型等，无疑会对职位设置和人才需求产生深远的影响。因此，人才地图项目必须长期持续地与组织战略保持同步，这样的项目不仅能够帮助 HR 在职能部门层面发挥更大作用，还能使其跃升为对企业战略制定和实施至关重要的合作伙伴。

第七章
发展型公司开展
人才地图项目

人才是利润最高的商品，能够经
营好人才的企业才是最终的大赢家。
——联想集团总裁柳传志

第一节 ——→
创业型公司为什么要做人才地图项目

一、创业型公司有必要做人才地图吗

对于"创业型公司"的定义，虽然没有一个固定的标准，但通常我们认为这类公司处于生命周期的初创阶段，具有成立时间短、规模较小、员工数量有限等特点。近年来，私董会（私人董事会）的兴起为这类公司提供了宝贵的支持。私董会聚集了企业家、高管和专家学者等，为初创企业提供战略规划、运营管理等多方面的帮助。

私董会针对的一般是有快速成长诉求的企业，设立的标准一般是成立 5 年以内，年营收不低于 1000 万元以内的企业。这样的企业已经迈过初创阶段，有进一步的成长需求。但在互联网或者高科技行业，也有不少企业成立 1~2 年，虽然无法盈利，但在 1~2 年内就已经估值上亿元。这样的企业也应该列为创业型企业。

然而，有一种观点认为，创业型公司的首要任务是生存，资源和时间都应该集中在现金流和业务发展上，而非人才管理或更为长远的人才地图项目。他们认为这些项目是大型企业的专利，不适合初创企业。

但现实是，初创企业在招聘上经常面临种种困难，这些问题无法通过简单的招聘流程得以解决。研究表明，初创企业的存活率相对较低，平均生存周期仅为 32 个月，其中人才匮乏是一个关键因素。因此，实施人才地图项目对于创业型企业来说至关重要。它可以帮助企业解决人才画像、规划和梯队建设等问题，从而为企业业务的快速发展提供有力支持。

优秀的 CEO 往往也是优秀的 HR，他们深知人才对于企业的重要性，并在初创阶段就积极参与人才梯队建设。人才地图项目不仅是一个工具或方法，更是一种战略思维。它要求我们从业务出发，思考组织的需求和未来发展方向，从而制定与其相匹配的人才策略。

1. 从业务到组织的思考

公司目前的业务是什么样的，需要什么样的组织来配合完成？公司未来 1~3 年的战略规划是什么，公司的组织需要进行怎样的调整和提升才能满足业务的成长？

初创型企业的第一任务是生存和发展，做人才地图是为业务服务，并非只是看市场上有多少优秀人才。所以，我们在制定人才地图目标框架的时候，要从公司当前发展情况出发，设置匹配的人才画像。在这里，我们需要强调的是，侧重人才地图和业务需求的联动，不能仅仅关注当下，建议创业型公司至少前瞻1~3年的业务发展情况。

2. 从个体到组织的转变

在创业型公司中，招聘困难是一个普遍存在的问题，尤其是在特定岗位上。当面临这样的挑战时，公司往往会寄希望于人才地图来解决这些难题。然而，如果我们能够拓宽视野，从个别岗位延伸到整个组织，并从管理者的角度思考整个组织的战略意义，那么人才地图的价值就会从解决个别招聘问题提升到组织层面的整体人才规划。

例如，有时创业型企业为了吸引投资或进行下一轮融资，可能会过于注重招聘具有大厂背景的合伙人。虽然这样的背景看起来光鲜亮丽，但可能会忽略人才与公司的真正适配性。对于创业型公司而言，"好"的并不一定是"对"的，更重要的是找到与公司文化和战略相匹配的人才。

通过实施人才地图项目，公司不仅可以了解行业大厂的人才状况，还可以洞察同类型行业其他企业的人才布局。这有助于公司从组织和行业的角度更全面地判断一个岗位在整个业务生态中的位置和重要性。同时，人才地图还可以帮助 HR 将各个岗位的人才画像信息串联起来，形成一幅完整的人才图谱，从而找到更全面、更系统的解决方案。这样，人力资源工作就能更加紧密地与公司业务相结合，为公司的发展提供更有力的支持。

3. 从现在到未来的规划

创业型公司怀揣着快速成长的梦想，渴望跻身独角兽公司或大型企业的行列。然而，在初创阶段，招聘难题常常让企业陷入眼前的困境，导致它们不得不将注意力集中在如何解决这一燃眉之急上。有时，为了迅速填补空缺，企业可能会采取短视的策略，即先招聘人员入职，待公司发展到一定阶段后再进行人员更替。这种做法往往导致每隔一两年就会出现大规模的人员流动，使人才计划缺乏长远性。

对于创业型公司的 CEO 来说，核心岗位的招聘无疑是他们工作中的重中之重，甚至可以说是他们最主要的任务。尽管创业型企业具有"船小好掉头"的灵活优势，但如果只关注当前问题的解决，而忽视更长远的人才战略规划，那么企业的人才发展将始终滞后于业务需求。

为了打破这一局面，创业型公司需要提前布局人才地图项目。通过这一项目，企业可以拥有1~3年的人才规划，持续跟踪和关注某些战略人才。尽管这些人才可能暂时无法立即加入公司，但一旦时机成熟，企业便可以迅速录用他们。这样一来，初创企业就能够构建自己的人才供应链，从而告别在紧急情况下无人可用的尴尬境地。

二、什么时间节点启动人才地图项目

👥 案例

　　花艺婚庆是一家线下婚庆公司，公司规模一直维持在50人左右，业务偏向传统的线下婚礼服务。因为疫情原因，公司把业务从线下转到线上，开始以互联网方式搭建婚礼平台。在这个过渡阶段，人才结构发生了变化，员工岗位规划不清晰，也出现了较大规模的人员流失，大概一年后，他们确定了整体战略方向，将线上线下业务相结合，并且开始大规模招聘。但在招聘运营经理岗位上遇到了很多困难，于是通过一个新进入的招聘经理牵头开始了运营岗位的人才地图项目。

　　一般而言，创业型公司可能会在以下几个时间段启动人才地图项目。

战略或者业务发生较大变革的时候，比如融资之前，业务方向大调整，新业务开拓，或者企业业务发展速度呈几何式增长的时候。

组织变动，比如大量员工离职、收购兼并、新业务开拓导致的组织变动等。

常规项目，一般而言，如果在初创阶段就配备了高层次人力资源合伙人的企业，能够把人才地图作为一个常规项目来开展。这样的项目能够结合公司的战略规划，提前洞察核心岗位在市场上的动态，为公司未来可能遇到的各种战略和组织变化做好充分的人才准备和规划。

三、创业型企业实施人才地图项目的原则

1. 适合大于优秀

某创意公司，作为一家广告公司，其创始人兼 CEO 是一位历经多次创业的企业家。他认为自己前几次创业失败的原因是他对钱没有概念，和人聊到钱会觉得不好意思。基于这种自我认知，他在这次创业时引进了在成本控制方面有丰富经验的合伙人，这有效弥补了自身在这一领域的短板，并取得了显著成效。这一案例说明，在创业初期，构建一个合理

的人才架构是至关重要的。创始人不必追求招聘到各方面都无可挑剔的全能人才，而应该注重团队成员之间的互补性，以便更好地推动公司的发展。

对于初创公司来说，尽管它们可能是围绕一个或多个出色的创意而成立的，但生存问题始终是首要考虑的因素。只有在确保公司能够稳定生存的基础上，才能进一步追求更高质量的发展。因此，在制定人才战略时，初创公司必须保持务实和灵活的态度。

在实施人才地图策略时，初创公司应避免盲目追求大型企业的人才标准。仅仅以招聘大厂人才为目标，并期望通过复制他们的经验来规避风险，这种做法往往并不切合实际。相反，初创公司应该将目光转向那些规模稍大、与自身业务类型相近的企业，寻找那些既适合公司文化又能满足业务需求的人才。在这个过程中，"适合"比"优秀"更为重要。因为对于那些技术出众、能力超群的人才来说，如果他们无法在创业公司中适应不同的工作环境和节奏，或者坚持要求享受与大型企业相同的待遇和条件，那么他们可能并不适合成为初创公司的一员。

2. 执行大于战略

创业型公司的资源匮乏，无法跟大公司相比。同时，由于团队尚未经过充分的磨合和经验的积累，因此，只有具备快速响应、及时调整和踏实执行的能力，才能在竞争激烈的市场中站稳脚跟。同样，在人才地图的执行过程中，针对企业的实际情况进行迅速而精准的摸查是至关重要的。只有这样，才能迅速做出明智的招聘决策，并有机会在大型公司走完烦琐的流程之前，成功吸引并招聘到那些稀缺且具有战略价值的人才。

3. 多试错，免追责

人才地图的有效运用可以显著提升招聘的精准度，但即便对于大型企业而言，也需要持续的投入和精细的管理才能确保有良好的效果。对于创业型公司来说，借助猎头进行人才市场摸排确实需要一定的预算支持，这可能会带来一定的经济压力。然而，如果创业型公司的内部 HR 团队能够针对某个长期且核心的岗位，投入更多精力实施和更新人才地图项目，那么同样可以取得令人满意的成果。

考虑到创业型企业的战略和团队往往都是新生的，甚至可能涉足的是前所未有的业务领域，因此在开展人才地图时可能会面临找不到直接对标公司和业务的挑战。尽管如此，只要团队保持不断的尝试，及时进行复盘总结，并营造一个鼓励持续改进而非追责的氛围，人才地图的实施必将为公司带来长远的利益。

通过这样的人才地图实践，创业型公司可以解决以下四个关键问题：一是实现人才的适当淘汰，保持组织的活力与流动性；二是发掘并留住优秀员工，通过加薪、晋升和赋予更多职责等方式激励他们；三是根据业务需求客观评估人才需求，为不同岗位制定针对性的招聘策略；四是在人才地图项目的实施过程中，促进管理层对人才标准的统一认识，形成更为客观和全面的人才评价体系。

第二节 ——→
初创公司人才地图应该怎么做

一、初创公司 CEO 作为项目发起人

创业型公司在初期，由于缺乏资源，公司发展存在很多不确定性，很难招聘到足够的人才。在这个阶段，发现并获取人才主要依靠创始人的个人魅力。现在大公司都在高薪抢人，即使是一些业界小有名气，又有知名 CEO 的公司，也常常遭遇招聘困境。他们可能会发现，之前已经基本谈定的人才最终选择了前往大型公司。

随着公司的逐步发展和管理层对用人标准的明确，公司可以开始考虑采用更为系统的方法来发展和运营人才，例如定期进行人才盘点和构建人才地图。这些方法能够帮助公司更全面地了解现有人才的状况，以及市场上潜在人才的分布情况。

在这个过程中，CEO 作为项目的负责人需要积极参与其中，确保人才管理成为一个持续运营的项目，而非仅仅停留在临时招聘的层面。同时，为了有效执行人才地图项目，公司还需要一位 HR 来协助推进。但如果公司规模尚小，甚至没有专门的 HR 人员，CEO 也可以在日常与人选的接触中有意识地积累人才地图所需的信息。通过拉长时间维度，逐步形成一个初步的人才地图，为公司未来的人才运营提供有价值的参考。

一旦公司发展到需要组建人力资源团队的阶段，CEO 在招聘时应优先考虑那些具备人才地图执行能力的人选。

二、如何找到能够做人才地图的 HR

懂业务的 HR 并不多见，这也是为什么企业方喜欢用有猎头背景的招聘人选。因为优秀猎头在接触多个客户的过程中，为了完成项目，只有深度了解业务，才能提高项目的招聘成功率。同时，猎头是大企业人才地图外包的首选渠道，猎头顾问在完成项目的时候，也会或多或少地接触人才地图的工作，一部分人会深入负责人才地图项目，那样的顾问可遇不可求。

对于预算有限的企业来说，招聘一名具有 3~5 年猎头经验的人员来负责人才地图项目是一个既经济又实用的选择。

这样的候选人已经积累了一定的业务理解和招聘经验，能够更快地融入企业并推动人才地图项目的实施。

当然，也有一些创业型企业在初创阶段就得到了大量风险投资的支持，因此有足够的实力在团队中配置一名CHO。这类CHO往往来自大型知名企业，经历过企业从小到大的快速成长过程，并且愿意在新的创业环境中贡献自己的力量。他们的加入不仅能为CEO解决诸多人力资源运营方面的难题，还能独立承担人才盘点和人才地图等工作，帮助企业在人力资源管理上少走弯路。

然而，大多数企业可能并不具备这样的财力。对于这些企业来说，在人力资源部门设立一个专职人员来负责人才地图等工作仍然是一个值得考虑的选择。这个职位的人选未必需要拥有丰富的HR经验，甚至可以从业务一线调配过来。例如，中兴通讯以前就经常将一些希望转向内勤的业务主管调到总部担任HR角色。这些人员由于对市场和业务有着深入的了解，因此在转型为HR后往往能够为公司的发展提供更有效的支持。

三、初创公司人才地图步骤

初创公司在构建人才地图时，虽然可以参照常规的人才地图四步骤，但更应注重灵活性和实际情况的结合。以下是为初创公司量身定制的人才地图构建策略。

1. 根据中短期战略目标确定关键岗位

尽管初创公司的战略可能会经历较大的调整，但仍须设定一个相对中期的战略目标，以此为基础来确定公司的关键岗位。这样做有助于确保公司在快速发展过程中，始终保持对核心人才的需求和关注。

2. 确认人才画像

对于初创公司而言，确定合适的人才画像至关重要。这要求公司不仅要寻找优秀的人才，更要根据自身的实际情况和发展阶段，找到最匹配的人选。很多时候，人才地图项目本身就是帮助初创公司明确和细化人才画像的过程。

3. 锁定目标公司

在选择目标公司时，初创公司应避免盲目追求对标行业头部企业。因为这些企业与初创公司在规模、发展阶段和工作内容等方面存在显著差异，即使成功引进人才，也可能面临无法胜任的风险。建议初创公司主要关注比自身发展快3~5年的企业，以确保引进的人才能够更好地适应公司的实际需求和工作环境。

如果公司涉足的业务领域较为前沿，无法直接找到对应的目标公司，HR 部门应与业务部门紧密沟通，共同寻找相近企业或行业，以推动人才地图项目的有效实施。

4. 实施渠道调研

考虑到初创公司战略调整的速度较快，建议在实施渠道调研时采用短平快的方式。在 1 个月内完成调研并提交报告，公司可以更快地获取市场信息和人才动态，为后续的战略调整提供有力支持。

第三节 ——→
初创团队人才地图案例 ❶

案例一：大迈医疗 CEO 刘穆

我们是初创团队，刚开始公司只有 7 个人，每天最重要的事情就是招聘。我是产品经理背景出身，招聘研发或者销售岗位的时候两眼一抹黑。我们刚开始拿到猎头推荐的简历时很盲目，看到大公司背景就兴奋，可是约过来一看就很失望。看到有的人选头衔好"高大上"，被吓到了，约过来一面才知道其实做的事情特别单一。也曾经出现过看到一个非常漂亮的简历二话不说就录用了，结果对方没过试用期就消失在了人海中。这种坑踩多了以后，就发现目前的不行，要找到做对招聘的方法。

---

❶ 案例所用公司、个人的名称皆为化名。

因为要跟风口上的其他医疗公司抢人，我从一个专业HR那里听到了人才地图项目，很感兴趣，所以自己做起来了。

现在我让公司唯一的行政兼 HR 小丁提前让每一个面试人选做一份信息记录，借此了解他身边人的信息。除此以外，我也要求小丁整理一些市场上的公开信息，画出简略的组织架构图，并在跟人选面试的时候做验证。在面试的时候，我都会想方设法了解应聘者之前公司的基本架构，再把这些信息记录下来，慢慢去补充清楚。

通过这种方式，我们对研发人才市场的信息像燕子筑窝一样慢慢积累了起来。大概半年后，我们比较清楚市场人选的情况了，对猎头推荐过来的简历基本有一个判断：是不是一份好简历，以及值不值得花时间去面试。在面试过程中，我们能较好地把握招聘节奏，是继续再看，还是立马拍板。

刚开始我都在做大公司的人才地图，因为也盯着这些企业招人。但后来发现因为初创公司的团队需要每个人都独当一面，而大公司的人很难匹配我们团队，因为他们往往做的事情比较窄。我就把人才地图目标放宽到中小型公司上面，看看能否找到一个恰好有大公司背景的人才。后来发现通过各种信息调研，真的顺利找到两个有这样背景的人选。在团队层面，我也会考虑员工性格组成的平衡。创始人往往会偏好和自己脾气相投的人，觉得这样有利于团队氛围，但一群老好人对同一个问题达成一致的观点，这对公司来说恰恰是最危险的，因为他们看不到事物的多面性。

我是外企出身，关注招来的团队是否接地气、是否和我互补。初创公司不可能按照大企业的规划做事情，所以我刚开始都尽量朝着本土的企业去做人才地图。最终我给公司招聘的团队成员的背景或许没有特别出色，但是他们的经验是行之有效的，我们会尊重对方。

有了人才地图项目后，我又在公司推行人才盘点，我认为，每个人都会在某些方面有所擅长。即使是"勤勉刻苦的老白兔"也有适合他的岗位。例如成本核算这个岗位，需要一个认真负责、不急功近利的人来胜任。同样，在盘点考核时，对这类岗位的绩效标准也要有所调整。如果按照给公司带来的收益算，这样的人一定是吃亏的，以核算的准确率、评估的公正性来算更为合适。

我会把员工定岗在一个位置上，但鼓励员工参与跨部门的项目。如果条件允许，我也会鼓励员工轮岗。年轻人不知道自己擅长什么，可以在不同岗位上轮一圈后，看看不同的风景。现在一些年轻人来我们团队，也是看重我们有这样的机会。

案例二：跨境箱包公司 CEO 阿亚

我们公司已经运营了 3 年时间，一年大概有 1 亿元的销售额。我一直想给自己招聘一名优秀的财务总监，但是连续让 HR 招了两个，都感觉满足不了公司发展的需要。HR 又联系了猎头公司，连着推荐了几个人选，有一个人选我感觉特别好，但因为有了之前的两次聘用经验，我犹豫了一段时间。当我面完猎头公司推荐的人选之后，觉得前面的那个人选是最合适的，可是当我再联系她的时候，她已经入职新公司了。

回想这个过程，我非常有挫败感，直到我从同行那里听到了人才地图这个项目，我感觉有必要实施一下。于是，委派公司人事经理系统学习，并且等她学完以后，跟她一起商量怎样操作。

首先，我先列出了一些跨境电商品牌公司，主要是大的头部公司，因为我需要这个人选精通成熟跨境电商平台的财务知识，由他 / 她建议应该怎么做，这样公司可以少走很多弯路。其次，让 HR 先做一轮前期的人才市场摸排。HR 联系了之前帮我们操作财务总监项目的猎头公司，请他们对市场情况做一个梳理，最终花了一小笔钱买了他们的搜寻报告。最后，我让 HR 把这些信息做了整理，对几个比较大的企业的财务部门架构做了组织架构图。看着这些组织架构图，我突然意识到，公司规模太小，这些组织架构图里面的人选都无法匹配我们目前的财务总监岗位。毕竟他们的盘子大，管全盘财务的人才薪酬不低，远超企业目前能给的薪酬水平，有可能眼高手低，不一定愿意从头来过。而某单一模块的财务经理能力不够全面，也无法胜任一个全盘财务的职务。

盯着这几张图想了好几天，我豁然开朗，为什么一定要盯着电商公司看人选，可以从传统耐用消费品品牌公司找人选。于是，让 HR 请猎头盯着我列出的调性比较接近的品牌公司名单找人。很快猎头公司推荐了 5~6 份简历，我约见了3 名，其中就有一个对于线上线下业务同时有涉猎的品牌财务负责人。候选人非常愿意加入跨境领域，虽然长期在传统企业，她提到自己一直关注出海业务，本身也一直保持学习状态。我感觉她就是非常适合的财务人选。最终我成功地把这个人选招聘到位，由她主导搭建了现在的财务体系，很好地承担了公司的财务工作内容。

这就是我在公司实施第一个人才地图项目的案例，我准备把这个项目持续推行下去，特别是在公司难招聘的设计师岗位上。

案例三：人力资源 SaaS 公司 CEO 王鼎

我们公司经历了两年多的发展，现在差不多有 200 人了。

最早的人都是我招聘的，我对每个人都很了解，发展到 100 人以后无法每个人都亲自面试，以至于后面的招聘人选良莠不齐。最近拿到第二轮融资后，公司进行了一轮人才盘点，发现部分员工需要进行升级迭代。

我是做 HR 出身的，所以对各种人力资源的项目比较了解。创业型公司刚开始用人不会考虑长远，毕竟预算有限，吸引人才的魅力也无法跟大公司相比，很多时候招聘仅仅是为了满足当下的业务需求。一旦公司发展到了一个新阶段，就需要重新评估用人需求。这次融资之后，我就跟公司 HR 部门进行沟通，制订一个相对长远的人才战略规划，因此需要启动人才地图项目。

HR 感觉压力很大，因为她之前没有做过，很怕做不好，但在我的鼓励下，也表示愿意去做。我把公司招聘的岗位分为几个方向，也使用不同的策略。研发类的管理岗位，我们还是希望找大厂背景人选，他们技术过硬，能够做出好的产品。销售和产品岗位，可以与同行业稍稍大一点的 SaaS 公司和传统 ERP 公司对标。因此，列出目标公司交给 HR，并列出项目节点，要求她带着招聘任务一起完成。我们公司还拨出来一笔预算，让 HR 可以购买招聘网站上的一些现成的组织架构图。

当拿到初始的组织架构图时，我就清楚有些信息非常不靠谱，不过想想，我们怎么能对 AI 生成的组织架构图抱有太大的希望呢。好在有了一个粗略的框架，可以以此为基础进行核查。我请 HR 把我们长期合作的 2~3 家猎头请过来沟通，请他们谈谈人才市场的情况。通过这个方式，我们大概有了一定的了解，这些猎头公司跟我们有过成功合作，愿意在推荐人选的时候给出更多信息，以帮助我们建立对市场的理解。我也承诺，一旦通过他们获得人选信息并最终推荐，也一定会结算猎头费用。

我们让猎头重点关注技术负责人、销售总监和产品总监岗位招聘，我们则通过人才地图的项目重点招聘普通技术、销售和初级产品。在我的推动下，人力资源部门顺利梳理出几家对标公司的销售和产品人才地图，我拉着几个合伙人组成的面试官配合面试，在面试中尽可能了解行业人才信息并反馈给 HR，用这种方式，我们在两个月内完成了 50 多个重要岗位的招聘工作。

第八章
用 AI 和大数据助力
人才地图项目

人工智能是"锤子",更大价值在
于"钉子"是什么,能不能用"锤子"
敲进去。

——智融集团 CEO 焦可

这些年，人工智能技术的发展正在影响人们的生活，也在深刻改变企业人力资源工作。在人工智能的帮助下，人力资源各模块均展现出了显著的改进潜力。

然而，这种技术进步也引发了人们的担忧：AI 是否会取代人力资源从业者？事实上，AI 在优化招聘流程方面已经展现出了惊人的实力。它不仅能够简化并加速企业的初步筛选过程，还能通过聊天机器人和虚拟助手高效浏览简历，迅速锁定最合适的候选人。此外，越来越多的企业开始利用 AI 进行首轮面试，以快速筛选人才，并在高端职位面试中辅以 AI 分析，借助面部表情识别等技术提升决策的准确性。

这些变革无疑给人力资源从业者带来了巨大的压力和挑战，让他们担忧自己的职业前景。然而，我们也应看到，AI 的应用实际上是在帮助人力资源从业者摆脱重复、琐碎的工作，使他们能够重新聚焦核心任务：与候选人进行深度沟通和面谈。

以 IBM 为例，该公司多年前推出的人工智能系统 Watson（沃森）曾试图在招聘、培训和管理等领域助力组织发展。据 IBM 透露，当这些技术应用于自身的人力资源职能时，曾为公司带来了超过 3 亿美元的收益。尽管该项目最终在医学诊断领域遭遇挫折并宣告失败，但其在人力资源领域的应用价值依然不容忽视。AI 的引入不仅能降低企业成本，还能提升人才招募的效率和质量，对企业的未来发展具有重要意义。

第一节 ——→
人工智能 + 招聘

AI 技术在人力资源招聘上的运用已经非常普遍，机器学习会让人工智能拥有无须预设复杂程序，就能逐渐学会如何处理招聘工作的能力。在招聘工作中，AI 技术的应用主要体现在寻才、识才、辩才三个关键方面，如图 8-1 所示。

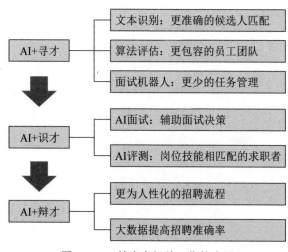

图 8-1　AI 技术在招聘工作的应用

一、AI 与寻才

人才的发掘通常依赖于各种人才数据库渠道。在这个过程中，AI 技术对这些数据池进行整合和筛选，从而显著减轻 HR 的工作负担。在面对网络渠道、人才库、内部招聘、校园招聘、人才地图以及第三方合作伙伴等产生的海量数据时，如何有效筛选成为一大挑战。传统的招聘工作主要依赖经验丰富的招聘专家进行人工筛选，如果能利用机器对这些数据进行处理，并通过不断学习和验证来提升筛选准确性，那么 AI 就能替代初步的筛选工作，从而大幅提高工作效率。

当前，AI 技术已经能够从多个方面优化招聘流程。例如，光字符识别技术（Optical Character Recognition，OCR）被广泛应用于从简历、证书等纸质文件或图片中识别并输出文本内容，使招聘专员能够轻松获取候选人的关键信息。此外，自然语言处理（Natural Language Processing，NLP）算法能够对申请人的电子简历或经过 OCR 处理的数据进行深入分析，提炼出重要信息以供招聘专员参考。在计算机视觉算法的帮助下，视频面试也变得更加智能化。招聘专员可以通过分析候选人回答问题时的内容、面部表情和肢体语言等多方面因素，从而更全面地评估候选人的适合度。

1. 更准确的候选人匹配

在候选人匹配方面，尽管大型企业和人才招聘网站已使用算法多年，但其方法往往相对简单：主要依靠计算机识别简历中的关键词来匹配职位描述。例如，国内的猎聘和BOSS 等招聘网站在此方面表现突出。然而，这种方法的缺陷也逐渐显现：一些精通数据算法的求职者会通过在简历中刻意插入可能触发计算机匹配的词汇来操纵筛选流程，而一些措辞不当的描述则可能导致合格的候选人被算法忽视。

随着人工智能在深度学习技术方面的最新发展，计算机的能力得到了前所未有的提升。它不再局限于简单的单词匹配，而是能够识别出求职者在简历中未明确列出的技能和才华。这种进步使得人工智能在理解简历方面比经验丰富、技术娴熟的招聘人员更为出色。改进后的流程让招聘人员有更多时间来专注于培训和指导求职者，从而提升整体招聘质量。

同时，人工智能还显著提高了招聘人员寻找和吸引求职者的能力。在当前的就业市场环境下，招聘变得越来越主动。尽管寻找优秀候选人可能具有挑战性，尤其是当他们的简历与职位描述不完全匹配时，但人工智能技术可以极大地提高主动寻找过程的效率。它不仅能够将适合的岗位推送给候选人，还能将合适的人选推荐给 HR，实现双向匹配。

除了传统的招聘途径外，社交媒体和内外部推荐渠道也为招聘提供了更广阔的空间。通过搭建这些渠道并利用 AI 测评进行精细化筛选，可以让更符合公司文化和岗位要求的员工更快速地进入面试环节。这样不仅提高了招聘效率，还有助于提升员工入职后的适应性和稳定性。

2. 更具包容性的员工队伍

人工智能对招聘领域带来的最令人振奋的影响在于，其能够在评估求职者时消除人类潜意识中的偏见，从而为企业构建更加多元化、包容性的劳动力队伍。

在招聘实践中，招聘人员往往会基于过往经验和刻板印象对男性和女性求职者进行区分。例如，有些人可能认为女性体力较弱、情绪化，并将她们的私人生活（如恋爱、结婚、生子等）视为工作效率的潜在威胁。相反，他们可能过度强调男性的体力和理性思维，忽视了其他重要的个人特质和能力。

除了性别偏见外，心理学家还指出人类在招聘过程中可能受到晕轮效应、认同效应等多种认知偏差的影响，这些都会导致招聘决策的失误。而 AI 技术的引入，能够在辅助简历筛选的过程中纠正这些偏差，以更加理性和客观的方式进行信息配对，从而消除招聘者潜意识中的偏见。

例如，一位在餐厅工作了 20 多年的员工，因餐厅倒闭而失业。尽管他拥有丰富的团队合作、库存管理、供应链和预算等可迁移技能，却因年龄问题而难以获得其他餐厅的面试机会。然而，通过 AI 的大数据分析，这份简历被成功推送到物流行业，该行业对年龄界限相对宽松。最终，这位员工成功获得了新的工作机会。

另一个例子，某软件公司在招聘程序员时遇到了困难。在 AI 的协助下，他们发现了一批被 HR 筛选掉的候选人，其中包括一名具有编码经验的叙利亚难民。尽管他原本是一名牙医，但由于该系统专注于寻找具有编码技能的应聘者，他最终通过了筛选并被公司聘用。

这些案例充分展示了 AI 技术在招聘领域的独特优势。与招聘人员相比，AI 拥有更加丰富的知识储备和更加流程化的认知能力，能够自动开启招聘功能、自动寻找与匹配候选人、实现自动识别和判断、自动跟踪、自动评估和分析等。

3. 更少的管理任务

麻省理工学院斯隆管理评论（*MIT Sloan Management Review*）刊登的一篇文章详细阐述了保险、媒体、酒店等多个行业的组织如何巧妙运用聊天机器人来辅助客户服务代表。聊天机器人主要用于回应那些固定的、频繁出现的问题，这些问题的答案可以便捷地从现有数据库中提取。这种做法极大地减轻了人类客服人员的工作负担，使他们能够专注于处理那些需要运用同理心或无法通过预设代码来回应的复杂问题。

在招聘领域，人工智能虽然无法完全取代人的作用，但其辅助功能却不容忽视。通过 AI 的协助，招聘过程中的一些行政工作，如采购、筛选简历以及进行初步面谈等，得以有效减轻。这样一来，招聘经理便能够腾出更多时间与求职者建立深层次的联系，从而缩短职位空缺期，提升员工的忠诚度和留任率。

近年来，越来越多的大型知名企业开始采用 AI 面试作为首轮筛选的工具，尤其在疫情背景下，这一趋势越发明显。除了智能人才库、流程自动化等常见应用外，人工智能与招聘的结合还体现在 AI 面试等创新方式上。相较于传统招聘方法，这些新技术能够有效解决效率低下和成本高昂等问题，为人力资源从业者带来实质性的工作减负。

二、AI 与识才

1. AI 面试：辅助面试决策

随着人工智能技术的不断发展，其在面试领域的应用也越来越广泛。众多大型知名企业纷纷采用 AI 面试的模式，旨在构建强大的雇主品牌，并为候选人提供卓越的体验。AI面试的供应商主要分为三类：

一是传统招聘网站，例如智联招聘的"易面"和猎聘的"魔镜"等。这些网站本身就专注于招聘业务，其结合新兴技术能够更有效地拓展新业务，推动营收的持续增长。

二是AI面试创业企业，如滴孚、海纳以及国外的HireVue等。同时，百度、腾讯、平安等互联网公司也在这一领域积极探索，它们都是技术驱动应用的典范。

三是人力资源咨询企业，如怡安翰威特、北森等。怡安翰威特通过收购cute-e公司，成功将AI技术融入自身的人力资源咨询和测评业务体系中。

在识别人才方面，人工智能能够在面试阶段发挥重要作用，通过最终评测来辅助招聘决策。这主要通过明确问题的设计、测评以及无领导小组面试等方式，深入了解候选人的能力与特性。

根据冰山理论，面试往往只能对一个人冰山上的知识和技能进行清晰的判定，对于冰山下的个人特质、动机等潜在部分则难以准确评估。然而，随着AI算法在面试视频分析中的广泛应用，这一问题得到了有效缓解。AI算法能够大幅提升面试效率、减少人为偏见，并帮助进一步揭示冰山下的部分，为HR管理者提供有力的决策支持。

具体而言，AI 算法对视频文件的分析处理主要分为图像和语音两种。在图像处理方面，AI 能够识别并提取候选人的表情、姿态和动作等特征。在语音处理方面，AI 分为两个部分进行分析：一是候选人在面试交流中的语言表达内容，通过自动语音识别（ASR）技术将语音转化为文字，再利用自然语言分析算法对文字内容进行分析；二是对候选人语音特征的分析，包括语速、停顿和声调等。

综合以上信息，AI 算法能够对应聘者的回答内容、表情、声音和外表等进行全面打分，并结合其他因素（如认知能力和知识等）进行人才筛选。

2. AI 评测：找到与岗位技能相匹配的求职者

人工智能正逐步成为人才测评流程中不可或缺的一部分。以往基于笔和纸的心理测试需要招聘官亲自监考并手动评分，但随着人工智能技术的介入，这一过程已经实现了自动化。通过算法、模式识别、自然语言处理、机器学习以及机器人技术的巧妙结合，人工智能测评得以迅猛发展。从招聘的视角来看，这意味着我们能够以更快的速度、更高的效率来分析和解读大量候选人数据。

人工智能测评平台建立在心理学理论和技术的基础之上，遵循标准化的操作程序对人的行为进行量化评估，进而推断出其能力、个性等心理特征。同理，将人工智能与人才测评相结合，我们可以借助计算机强大的数据处理和预测能力，对组织内的岗位进行科学设计，并实现人岗的最优化匹配。

在招聘过程中，如何确保各方对岗位成功的关键要素有清晰、统一的认识，并将招聘目标精准地锁定在合适的候选人身上，一直是最大的挑战之一。而人工智能的出现为我们提供了新的解决方案。通过比较在职员工和求职者的技能和行为数据，人工智能能够帮助我们更准确地描绘出招聘岗位所需的人才画像。

此外，人工智能正在用神经网络取代传统的布尔关键字搜索方式，为求职者提供了前所未有的机会。神经网络使人工智能能够剔除干扰数据，从各种简历中学习到人的职业潜力。这意味着即使某些求职者未在简历中明确提及某项技能，但只要他们曾在某个时期、某家公司工作过，人工智能就有可能识别出他们具备该技能的可能性，并将这些被招聘官忽略的简历筛选出来。

三、AI 与辩才

有研究表明，错误招聘员工的成本是这个员工年薪的 10

倍，因此，我们必须致力于打造高效能的招聘平台、优化渠道管理、加强面试官培训、规范招聘流程，并组建专业的招聘团队，旨在提高招聘的准确率，进而提升整个招聘流程的效率。在这个过程中，人工智能技术可以发挥至关重要的辅助作用。

1. 更为人性化的招聘流程

Chat GPT 的惊艳亮相让人们对 AI 技术刮目相看，其在招聘领域的应用也预示着招聘效率将迎来显著提升。尤为引人注目的是，AI 能够通过与求职者的互动，迅速判断他们与特定职位的匹配程度，从而大幅缩减初步筛选的时间和整体招聘周期。

尽管人工智能算法在处理招聘数据时可能会受到历史偏见的影响，但我们可以通过调整策略来降低这种风险。一个值得借鉴的案例是 BMC 软件公司的做法。该公司运用人工智能工具专注于识别具备特定技能的应聘者，在筛选过程中刻意忽略了教育背景、性别、姓名等其他标识符，以确保招聘过程的公平性和人性化。这种侧重于技能型岗位招聘的方法，不仅有助于避免潜在的歧视问题，还能更准确地找到符合职位需求的人才。

2. 提高招聘准确率

在传统面试中，面试官的问题往往具有一定的随机性，他们的个人状态和情绪也可能对面试结果产生不同影响，这无疑降低了招聘的成功率。

相比之下，AI 面试则呈现出更高的标准化和客观性。它通常分为两种形式：一种是传统的结构化面试题目，在这类面试中，机器的提问取代了面试官，采用 STAR 法则（情境、任务、行动、结果）进行提问，系统记录应聘者的回答内容，通过语音转文字技术进行记录，并进行深入的语义解析；另一种是对话形式，虽然也是由机器进行提问，但整个过程中会包含简单的对话交流，系统同样会记录作答内容并进行语音转换和语义剖析。

根据工业组织心理学的研究显示，在评估候选人方面，结构化面试相比非结构化面试能够产生更为有效的结果。结构化面试要求候选人在面试过程中回答一系列固定的问题，这种标准化流程有助于更准确地评估候选人的能力和潜力。

AI 算法在结构化面试中发挥着重要作用。通过将面试者的答案与大数据进行对比分析，AI 算法能够将面试流程固定化、标准化，从而减少人为因素的干扰，提高招聘的客观性和准确率。目前，AI 算法面试测评已经在 BAT 等众多大型企业中得到了广泛应用，并取得了显著成效。

为了进一步提升面试准确率，一些大型企业还会在面试官的认证、培养以及数据回溯方面下功夫。对于在试用期内离职的员工，企业也会在面试流程中进行复盘，结合大数据进行深入分析。这些举措共同构成了企业提高招聘效率和准确率的全面策略。

四、人工智能的局限

有研究表明，未来有三种类型的工作将迎来迅速发展。

（1）社交创新（Social-Creative）领域。在这个日益注重人际交往和创意的时代，人类工作者必须努力提升自己的社交能力和创造力，以适应不断变化的工作需求。

（2）数字技术的灵活使用。HR 从业者必须积极学习并掌握各种技术和工具，将其与自身能力相结合，以提高工作效率和洞察力。他们需要保持灵活性，对风险和学习持有开放态度，并努力成为"精通技术和数据驱动"的专业人士。

（3）技术开发领域。即使人力资源中的自动化和人工智能改变了我们的工作方式，但仍有改进这些技术的空间。这意味着人工智能工程师、数据科学家和技术专家将成为任何公司不可或缺的一个人才。随着人力资源从传统的服务功能转变为推动组织战略增长的关键力量，HR 从业者必须不断提升自己，成为组织发展的合作伙伴。

亚马逊 AI 面试官性别歧视的事情众所周知，因此会有人担心人工智能同样会造成歧视，走入误区。其实，技术的局限应该引起重视，但更重要的是人类需要保持判断力，而不仅仅依赖机器。

我们对于 AI 技术的应用应该保持开放积极的心态，使用 AI 技术可以更好地帮助我们工作，但最终的决策仍然需要由人类自己做出。

第二节 ——→
如何用人工智能技术助力人才地图

　　某知名互联网企业 HRD 曾这样评价人才地图："原来，我们的招聘流程可能是 5 份简历才能选 1 个候选人，有了人才地图后，可能一两封简历就可以决定，这大大促进了流程提效。"

　　"我们发现华南地区的 BI（数据挖掘）人员招聘非常困难，就可以针对华南地区制作一个 BI 的人才地图，例如哪些公司有 BI 的人才，他们的程度如何，具备什么优势和劣势，对公司有怎样的看法等。通过这种方式，快速招聘到了一批 BI 人才。人才地图是招聘中'知己知彼，百战不殆'的关键。"

　　尽管人才地图项目的流程并不复杂，但其涉及的信息收集量巨大，对于 HR 来说是一项异常艰巨的任务。因此，在本身工作量就很大的情况下，HR 需要付出额外的时间和精力来操作人才地图，这无疑增加了他们的工作负担。大型企业为了解决这个问题，可能会选择购买第三方的人才地图服务。

随着互联网上沉淀的海量职位和简历数据，以及"数据+算法+算力"的不断发展，招聘领域应用大数据、AI等先进技术具有得天独厚的优势。

有人认为，"知识图谱+NLP+机器学习"是AI招聘的核心支撑技术。知识图谱是通过不同知识的关联性形成的一个网状知识结构，它能够模仿人类大脑的思考方式，将点和线关联起来并由点及面，然后抽丝剥茧地厘清其中的逻辑关系。然而，尽管知识图谱在人才地图项目中的应用前景广阔，但目前其开发进展相对缓慢。这除了因为NLP技术本身存在难度外，还因为建立行业知识图谱需要对招聘行业有深厚的认知和长时间的行业积淀。

谷歌最早提出知识图谱这个概念，其两大重要技术储备分别是深度学习和知识图谱。在国内，百度等公司也加大了对知识图谱的投入。然而，随着百度广告业务受到质疑，百度AI开始转向其他行业应用。目前来看，将知识图谱实现行业垂直应用的企业还比较少见，而在人力资源领域应用的企业也并未有足够的积累。

如果未来AI能够真正应用于人才地图，可能会在以下几个方面发挥重要作用。

一、基于知识图谱的定向信息挖掘

人工智能通过知识图谱的方式，能够将公司所在的行业和细分领域、企业特性、品牌和产品、项目、职位、公司常用的技能等与公司关联起来。例如，它能准确识别北京三快科技有限公司即美团，拉扎斯网络科技（上海）有限公司则隶属于阿里巴巴旗下的饿了么。此外，AI 还能建立职位与项目、职位与技能之间的内在联系，并在人才与岗位匹配环节发挥关键作用。以前端工程师为例，其主要技能包括 HTML、CSS、JavaScritp、React、VUE、Angular 等，而大数据开发工程师则侧重于 Hadoop、Hive、Hbase、Spark、Kafka 等技能。

AI 技术的运用使得定向目标公司变得更为高效和精准。它可以根据行业、细分领域、项目、融资轮次、行业地位以及公司特性（如乙方、to B）等要素，快速锁定目标公司，无须人工逐一筛选。同时，AI 还能通过深度挖掘海量数据揭示目标人选的关系网络，并找出触达该人选的最优或最短路径。这一过程实际上已经涵盖了 HR 传统的人才调研工作，极大地节省了招聘成本和时间。

数据挖掘技术是通过探究数据间的相关性来发现新的事实和规律。过去，这种"信息化数据挖掘"技术主要应用于市场营销领域，帮助企业深入了解目标消费者。如今，一些领先企业已将其与人才分析技术相结合，用于挖掘和分析求职者的相关数据。

在数据挖掘与分析工作中，算法和模型的选择至关重要。不同阶段的信息数据挖掘工具具有不同的分析重点，因此需要根据具体需求设计相应的分析模型。如果企业希望在不同岗位的招聘中都运用这类技术，就必须构建多个模型来适应不同岗位的需求和特点，因为每个岗位对技能和能力的考察重点各不相同，需要设置不同的算法参数。

实现定向精准挖掘的前提是构建实体间的关系网络。这包括针对行业、细分领域、项目、技能等要素建立父子关系层级结构，以确保某些属性具有可继承性，而某些则具有单向性。例如，在寻找拥有金融客户资源的销售人员时，可以锁定保险、证券、银行等金融行业背景的销售人员作为目标人选。然而，反之则不成立。如果要寻找具有保险公司客户资源的 KA（关键客户）经理，那么仅拥有金融客户资源的销售人员可能就不完全符合要求了。

二、打破数据和知识壁垒，快速匹配人才画像

为了构建精准的人才画像，AI 首先必须获取和处理多种数据源，这些数据源包括简历数据、面试记录、用户查询、

对话记录、绩效评估以及其他与用户行为相关的信息。其中，大多数数据以文本格式保存，或可以转化为文本形式供 AI 进一步分析。

借助自然语言理解技术的深厚积累，AI 能够运用传统分析、规则、机器学习模型以及以 BERT 为代表的深度学习技术。这些技术被广泛应用于简历解析、职位描述分析、对话机器人交互、AI 面试评估以及绩效文本的深度分析等多个场景。

在进行人与岗位的多维度匹配时，AI 不仅能够分析简历中的亮点与不足，还能评估候选人的能力匹配度和意愿匹配度。如果简历中缺少某些必要的技能点，AI 会智能提示并与候选人沟通确认。当发现候选人的意愿度不高时，AI 还能提供建议，帮助采取适当措施提升候选人的兴趣和参与度。

此外，基于庞大的知识图谱和丰富的数据支持，AI 能够洞察职位在市场上的人才数据情况。这使得招聘者在启动招聘流程之前就能掌握人才市场的分布、薪资水平等关键信息，从而实现"知己知彼，百战不殆"的战略优势。

AI 还能深入挖掘数据间的潜在关系。例如，某家公司的薪资上涨可能会推动整个行业的人才薪资水平上升，从而加剧市场竞争。又如，当遇到简历信息过于简单或关键信息缺失的潜在目标人才时，AI 可以通过分析同公司类似职位的简历信息来智能补全项目经验、技能等关键资料，甚至进行交叉验证以确保信息的真实性和准确性。

三、自动化、智能化的人才信息收集

传统的人才地图是静态的，而人才市场却是动态变化的。岗位上的人才在不断流动，如果依赖人工来更新人才地图，那将是一项持续且繁重的任务。每次更新都相当于重新绘制一次地图，这样的过程既耗时又费力。

相比之下，AI 技术能够基于所在行业、竞争企业分析等多维度信息，进行有目的、有条理、有层次、有广度、有深度的人才信息搜寻。与传统的先确定目标公司再进行信息收集和分析的模式不同，AI 可以 24 小时不间断地循环执行"信息收集—分析—反馈—再收集—再分析"的流程。这种持续的信息处理机制使得获取的信息更加精准，同时极大地提升了工作效率。

许多公司拥有自己的人才库或简历库，但在面对新的职位需求时，往往需要手动搜索库中资源。而 AI 能够直接根据新职位的人才画像自动匹配库中的合适人选，并实时更新人选信息。

目前，国内的一些招聘平台以及部分招聘软件提供商已经开始尝试利用机器自动生成人才地图。虽然这些自动生成的地图还存在不足之处，但它们已经能够作为基础参考工具，为招聘工作提供有力的支持，如图 8-2 所示。

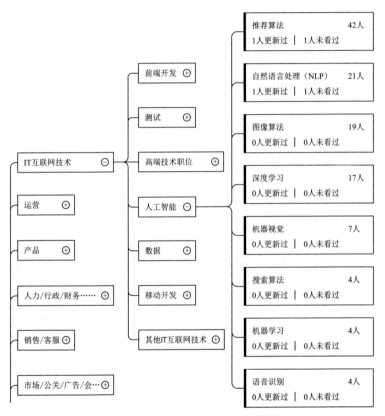

图 8-2 猎聘上某大厂组织架构图

四、实现主动触达的社交化招聘机器人

早在 2012 年，《2011/2012 世界工作报告》就已显示，85% 的中国受访雇主相信未来职业社交网站将成为招揽人才的重要手段，尤其在招聘会计师、商业、IT 等上网非常活跃的专业人士时将发挥巨大作用。

AI 应用于社交平台技术之一是社交机器人，即一种运行于社交媒体平台上的、进行自动生成内容，并且参与人类社交互动的、无物质实体的自动程序型智能系统，且存在于数字社交空间中的虚拟机器人。它们通过模仿社交网络中的其他真实用户来习得人性，能够更新社交状态，与其他平台用户进行自动交流对话，以及自动发送、接受好友请求。

随着社交招聘在人力资源领域的日益普及，企业开始根据自身的招聘团队结构、需求周期（季度或年度）、职位空缺层次、招聘渠道偏好以及预算限制等因素，有针对性地投入资源。基于特定的社交网络平台，企业不仅能够实现传统招聘网站上的职位发布和简历搜索功能，更能精准地将职位信息推送给目标受众。这种模式的价值在于迅速搭建招聘方与候选人之间的桥梁，在提高员工与岗位契合度的同时，显著降低了企业在中高端人才市场上的招聘成本。

　　人力资源从业者也应该不断地学习和更新自己的知识和技能，以适应人工智能技术的发展和变化，同时也要保持自己的人文关怀和价值判断，以确保人工智能技术的合理和负责任地使用。

参考文献

[1] 罗伯特·卡普兰，戴维·诺顿.战略中心型组织 [M]. 北京：北京联合出版公司，2017.

[2] 丹尼尔·卡尼曼，奥利维耶·西博尼，卡斯·R.桑斯坦.噪声：人类判断的缺陷 [M]. 杭州：浙江教育出版社，2021.

[3] 戴维·尤里奇.赢在组织：从人才争夺到组织发展 [M]. 北京：机械工业出版社，2022.

[4] 戴维·尤里奇.高绩效的 HR：未来的 HR 转型 [M]. 北京：机械工业出版社，2022.

[5] 杰夫·斯玛特，兰迪·斯特里特.聘谁 [M]. 深圳：海天出版社，2009.

[6] 吉姆·柯林斯.飞轮效应 [M]. 北京：中信出版社，2020.

[7] 里德·哈斯廷斯，艾琳·迈耶.不拘一格 [M]. 北京：中信出版社，2021.

[8] 北森人才管理研究院.人才盘点完全应用手册 [M]. 北京：机械工业出版社，2019.

[9] 穆胜.激发潜能：平台型组织的人力资源顶层设计 [M]. 北

京：机械工业出版社，2019.

[10] 帕蒂·麦考德 . 奈飞文化手册 [M]. 杭州：浙江教育出版社，2018.

[11] 布赖斯·霍夫曼 . 统一行动：跨界 CEO 穆拉利让福特起死回生的经典管理传奇 [M]. 北京：中国纺织出版社，2021.

[12] 拉姆·查兰 . 高潜：个人加速成长与组织人才培养的大师智慧 [M]. 北京：机械工业出版社，2018.

[13] 达娜·盖恩斯·罗宾逊，詹姆斯 C. 罗宾逊 . 人力资源成为战略性业务伙伴 [M]. 北京：机械工业出版社，2011.

[14] 杰克·韦尔奇 . 杰克·韦尔奇自传 [M]. 北京：中信出版社，2018.

[15] 尹利 . 社交招聘 [M]. 北京：人民邮电出版社，2019.

[16] 许锋 . 人才供应链：实现高绩效均衡的人才管理模式 [M]. 天津：天津人民出版社，2019.

[17] 郭士纳 . 谁说大象不能跳舞？ [M]. 北京：中信出版社，2023.

[18] 李祖滨，陈媛，孙克华 . 人才画像：让招聘准确率倍增 [M]. 北京：机械工业出版社，2021.

[19] 水藏玺，向荣，刘洪良 . 胜任力模型开发与应用：基于胜任力的人力资源体系构建最佳实践 [M]. 北京：中国经济

出版社，2019.

[20] 宁向东，刘小华 . 亚马逊编年史（1994—2020）[M]. 北京：中信出版集团，2021.

[21] 埃里克·施密特 . 重新定义公司：谷歌是如何运营的 [M]. 北京：中信出版社，2019.

[22] 小弗雷德里克·布鲁克斯 . 人月神话（40 周年中文纪念版）[M]. 北京：清华大学出版社，2015.